Den Ultimative Papirstop Kogebog

100 lækre opskrifter på hjemmelavet syltetøj, gelé og syltetøj, med klassiske smagsvarianter og unikke kombinationer, plus eksperttips til at udvælge, forberede og opbevare din frugt, perfekt til at forære eller fylde dit spisekammer op

Vilma Sjöberg

Copyright materiale ©2023

Alle rettigheder forbeholdes

Ansvarsfraskrivelse

Oplysningerne i denne bog er beregnet til at tjene som en omfattende samling af strategier, som forfatteren af denne bog har forsket i. Resuméer, strategier, tips og tricks anbefales kun af forfatteren, og læsning af denne bog garanterer ikke, at ens resultater nøjagtigt vil afspejle forfatterens resultater. Forfatteren af bogen har gjort alle rimelige anstrengelser for at give aktuel og nøjagtig information til bogens læsere. Forfatteren og dens medarbejdere vil ikke blive holdt ansvarlige for eventuelle utilsigtede fejl eller udeladelser, der måtte blive fundet. Materialet i bogen kan indeholde oplysninger fra tredjeparter. Tredjepartsmateriale omfatter meninger udtrykt af deres ejere. Som sådan påtager forfatteren af bogen sig ikke ansvar eller ansvar for noget tredjepartsmateriale eller udtalelser.

INDHOLDSFORTEGNELSE

INDHOLDSFORTEGNELSE	2
INTRODUKTION	7
SAVORY JAMS	8
1. Æble og timian/salviegele	9
2. Myntegele	11
3. Sød Cider Jelly	13
4. Hot Green Pepper Jelly	15
5. Hvidløg eller skalotteløg gelé	17
6. Rødbedemarmelade	19
7. Løgmarmelade	21
8. Sweet Chili Jam	23
9. Pebermarmelade	25
DOSESILTE	27
10. Æble Chile marmelade	28
11. Balsamico løgmarmelade	30
12. Blåbærsyltetøj	32
13. Hindbærsyltetøj	34
14. Jordbær-tequila marmelade	36
15. Mynte-Ananasmarmelade	38
16. Jordbær-rabarbersyltetøj	40
17. Nektarin-og-surkirsebærsyltetøj	42
18. Jordbær-tequila-agavemarmelade med lavt sukkerindhold	44
19. Chokolade-kirsebærsyltetøj	46
20. Appelsin-bananmarmelade	48
21. Abrikos-lavendel marmelade	50
22. Figen-og-pære marmelade	52
23. Figen-, rosmarin- og rødvinsmarmelade	54

24. Melonsyltetøj	56
25. Fersken-rosmarin marmelade	58
26. Honning-pære marmelade	60
27. Æbletærtemarmelade	62
28. Fersken-bourbon marmelade	64
29. Hindbærsyltetøj med lavt sukkerindhold	66
30. Tomat-urtemarmelade	68
31. Zucchini-brød marmelade	70
32. Bær-ale-marmelade	72
33. Æble-chilesyltetøj med lavt sukkerindhold	74
34. Balsamico-løg marmelade	76
35. Blåbær-citronsyltetøj	78
36. Æblemarmelade	80
37. Jordbær-rabarbergele	82
38. Blåbær-krydderi marmelade	84
39. Vindrue-blomme gelé	86
40. Gylden pebergelé	88
41. Fersken-ananasmarmelade	90
42. Kølet æblesyltetøj	92
43. Køleskabsdruesyltetøj	94
44. Kirsebærgele med pulveriseret pektin	96
45. Kirsebærsyltetøj med pulveriseret pektin	98
46. Figenmarmelade med flydende pektin	100
47. Druegele med pulveriseret pektin	102
48. Mynte-ananasmarmelade med flydende pektin	104
49. Blandet frugtgelé med flydende pektin	106
50. Appelsingele	108
51. Krydret appelsingele	110
52. Orange Marmelade	112

53. Abrikos-appelsinkonserves	114
54. Ferskensyltetøj med pulveriseret pektin	116
55. Krydret blåbær-ferskensyltetøj	118
56. Ananasmarmelade med flydende pektin	120
57. Blommegele med flydende pektin	122
58. Jordbærsyltetøj med pulveriseret pektin	124
59. Tutti-Frutti Jam	126
60. Druekonserv	128
INGEN-PECTIN JAMS	**130**
61. Blackberry Jelly uden tilsat pektin	131
62. Æblegele uden tilsat pektin	133
63. Æblesyltetøj uden tilsat pektin	135
64. Kvædegele uden tilsat pektin	137
FRISK SYLTE	**139**
65. Pink Lemonade Açaí Jam	140
66. Jordbær lavendel marmelade	142
67. Honeysuckle sirup	144
68. Rabarber, rose og jordbærsyltetøj	146
69. Æblemossirup	148
70. Sømos Æblesauce	150
71. Açaí-Chia Jam	152
FRYSEMASTER	**154**
72. Jordbærfrysermarmelade	155
73. Kiwi Jam	157
74. Hindbær / Solbærsyltetøj	159
TRADITIONELLE JAMS	**161**
75. Æble & Ingefær	162
76. Abrikossyltetøj	164
77. Æble & Brombærsyltetøj	166

78. Sort drue- og portvinssyltetøj	168
79. Blackberry Jam	170
80. Solbærsyltetøj	172
81. Abrikos- og ananassyltetøj på dåse	174
82. Kirsebærsyltetøj	176
83. Damson Jam	178
84. Frisk Figenmarmelade	180
85. Ingefærmarmelade	182
86. Stikkelsbærsyltetøj	184
87. Kiwi Jam	186
88. Marv & Ingefær Jam	188
89. Blandet Frugtsyltetøj	190
90. Ferskensyltetøj	192
91. Pære & Ingefær Jam	194
92. Ananasmarmelade	196
93. Blommesyltetøj	198
94. Kvædesyltetøj	200
95. Loganberry eller Tayberry Jam	202
96. Hindbærsyltetøj	204
97. Rabarber Og Ingefær Marmelade	206
98. Jordbærsyltetøj	208
99. Jordbærsyltetøj (hel)	210
100. Jordbær- og rabarbersyltetøj	212
KONKLUSION	**214**

INTRODUKTION

Er du fan af hjemmelavet syltetøj og syltetøj? Led ikke længere end Den Ultimative Papirstop Kogebog! Med 100 lækre opskrifter at vælge imellem, vil du blive forkælet med valg, når det kommer til at vælge din næste frugtfyldte kreation. Her er, hvad du kan forvente af denne omfattende kogebog:

- En bred vifte af smagskombinationer: Fra klassiske opskrifter som jordbær og blåbær til mere unikke blandinger som rabarber og rose eller pære og ingefær, denne kogebog har noget for enhver smag. Med 100 opskrifter at vælge imellem, løber du aldrig tør for inspiration.

- Ekspertråd om konservering af frugt: Selv hvis du er nybegynder i køkkenet, gør denne kogebog det nemt at komme i gang med at lave syltetøj. Du vil finde nyttige tips til at vælge den bedste frugt, forberede den til konservering og sikre, at din syltetøj forbliver frisk i flere måneder fremover.

- Perfekt til at forære eller opbevare dit spisekammer: Hjemmelavet syltetøj giver tankevækkende gaver til venner og familie, eller de kan bruges til at tilføje et strejf af sødme til din morgentoast eller eftermiddagste. Med 100 opskrifter lige ved hånden, har du altid en krukke lækker marmelade ved hånden, når du har brug for det.

SAVORY JAMS

1. Æble og timian/salviegele

Gør: 5 pund

INGREDIENSER:
- 3 pund Bramley madlavningsæbler
- 3 pund granuleret sukker
- 2 pints (1130 ml) vand
- 1 oz (30 g) timian/salvie, hakket
- ½ flaske flydende pektin

INSTRUKTIONER:
a) Vask æblet, skær det i små stykker, men ikke skræl eller kernehus.
b) Kom frugten i en gryde med vandet, læg låg på og lad det simre indtil frugten
c) er blød nok til at mose. Dræn den mosede frugt gennem en gelépose.
d) Kom sukkeret og 2 pints (1130 ml) saft i en stor gryde og varm forsigtigt op, indtil sukkeret er opløst, og rør af og til.
e) Bring hurtigt i kog og kog hurtigt i 1 minut.
f) Rør den flydende pektin i og kog i yderligere et halvt minut under omrøring af og til.
g) Rør timian/salvie i. Tag af varmen og skum evt.
h) Pot og dæk på sædvanlig måde.

2. Myntegele

Gør: 1½ pund

INGREDIENSER:
- Stor bundt mynte
- 1 pund sukker
- ½ pint hvid eddike
- Grøn Farve
- 1 flaske flydende pektin

INSTRUKTIONER:
a) Vask mynten grundigt og del den i to.
b) Tag bladene fra det ene bundt, pres det overskydende vand ud og hak det fint. Kom eddike og sukker i en gryde med det andet bundt mynte og rør ved svag varme, indtil sukkeret er opløst.
c) Fjern bundten af mynte. Bring det i kog i 1 minut.
d) Si siruppen gennem en musselin og kom tilbage i gryden.
e) Rør den flydende pektin i, bring det i kog og kog i 2 minutter. Tilsæt den hakkede mynte og farve.
f) Lad den køle lidt af for at forhindre mynten i at flyde.
g) Skum, gryder og dæk på sædvanlig måde.

3. Sød Cider Jelly

Gør: 5 pund

INGREDIENSER:
- 2 pints (1130 ml) sød æblecider
- 3¼ pund sukker
- 1 flaske flydende pektin

INSTRUKTIONER:
a) Kom cider og sukker i en stor gryde og bland godt.
b) Varm forsigtigt op, og rør af og til, indtil sukkeret er opløst. Tilsæt flydende pektin.
c) Bring det helt i kog og kog hårdt i 1 minut.
d) Skum, gryder og dæk på sædvanlig måde.

4. Varm grøn pebergelé

Gør: 7 pund

INGREDIENSER:
- 3 store peberfrugter – kernet og skåret i stykker
- 5 pund (2,3 kg) sukker
- 24 ounce (700 ml) cidereddike
- 12 grønne chilier – lad frø blive i, skær bare stilken af
- 2½ ounce (80 ml) vand 2 flasker flydende pektin

INSTRUKTIONER:
a) Flyd alle ingredienser undtagen sukker og flydende pektin.
b) Kom i en stor gryde, tilsæt sukker og kog hurtigt i 8 minutter.
c) Fjern fra varmen, si, tilsæt flydende pektin og et par dråber grøn farve, hvis det ønskes.
d) Rør godt rundt, hæld i krukker og luk.

5. Hvidløg eller skalotteløg gelé

Gør: 5 pund

INGREDIENSER:
- 3 oz (85 g) finthakket hvidløg ELLER skalotteløg
- 3 pund sukker
- 24 ounce (700 ml) hvidvinseddike
- 16 ounce (450 ml) vand ½ flaske flydende pektin

INSTRUKTIONER:

a) Bland hvidløg eller skalotteløg med eddike og lad det simre forsigtigt uden låg ved middel varme i 15 minutter.

b) Fjern fra varmen og hæld i en passende glaskrukke eller gryde: dæk til og lad stå ved stuetemperatur i 24 til 36 timer.

c) Hæld eddike gennem en trådsi i en stor gryde, pres hvidløg eller skalotteløg med bagsiden af en ske for at få så meget væske som muligt; kasser derefter rester.

d) Tilsæt vand og sukker.

e) Bring et helt rullende kog over medium høj varme.

f) Rør flydende pektin i og bring det i kog under konstant omrøring i 1 minut.

g) Skum evt. potte og dæk.

6. Rødbedemarmelade

Gør: 4½ pund

INGREDIENSER:
- 1¾ pund (800 g) rå rødbeder (eller 1 pund kogt
- 2¾ pund (1,3 kg) sukker
- ¾ pint (425 ml) eddike
- 1 flaske flydende pektin

INSTRUKTIONER:
a) Hvis rødbederne er rå, så kog dem, tag derefter skindet af og hak det meget fint.
b) Mål sukker og eddike op i en stor gryde og tilsæt de tilberedte rødbeder.
c) Bland godt og varm langsomt op under omrøring af og til, indtil sukkeret er opløst.
d) Bring det helt i kog og kog hurtigt i 2 minutter.
e) Fjern fra varmen og rør flydende pektin i.
f) Rør og skum skiftevis for lige
g) 5 minutter, for at køle lidt af. Pot og dæk på sædvanlig måde.

7. Løg marmelade

Gør: 2 pund Jam

INGREDIENSER:
- 1 pund 3 oz (600 g) løg
- 1 pund 9 oz (700 g) sukker
- 1½ spiseskefulde (20 ml) olivenolie
- 7 oz (20 g) ribs
- 7 oz (200 ml) vineddike
- 2 spiseskefulde (30 ml) citronsaft
- ¼ flaske flydende pektin
- Krydderier (¼ tsk ingefær og ¼ tsk allehånde, eller efter smag)

INSTRUKTIONER:
a) Skær løget i små strimler. Varm olien op og tilsæt løgene. Dæk til og steg forsigtigt, så du undgår bruning, indtil løget er gennemsigtigt og mørt (ca. 15 - 20 minutter).
b) Tilsæt ribs, vineddike og citronsaft, varm op til kogepunktet, læg låg på og lad det simre, indtil de røde ribs og løg er ret bløde (20 minutter eller efter behov).
c) Tilsæt sukkeret, varm op til kogning og kog HURTIG i 6 minutter. Tilsæt ¼ flaske flydende pektin, fjern fra varmen, og test en prøve, der skal hærdes på en kølig plade. Kog igen efter behov i 2-3 minutters gange, indtil en prøve viser en tydelig hud efter et par minutter på pladen.
d) Lad det køle af i et par minutter, rør rundt, og kom på sædvanlig vis med låg, der modstår eddike.

8. Sød chili marmelade

Gør: 4 krukker

INGREDIENSER:
- 8 røde peberfrugter fjernet og hakket groft
- 10 røde chili hakket, frø inkluderet
- fingerstort stykke frisk ingefær, skrællet og hakket
- 1 pund gyldent sukker
- 8 fed hvidløg pillede
- 1¾ pund (790 g) cherrytomater halveret, udskåret stilk
- 250 ml rødvinseddike
- 1 flaske flydende pektin

INSTRUKTIONER:
a) Hæld alle ingredienser undtagen flydende pektin i en tykbundet gryde.
b) Bring i kog, skru ned for varmen og lad det simre i 50 minutter: Tag af varmen.
c) Brug en stavmixer til at hakke ingredienserne, sæt tilbage på varmen og bring det hurtigt i kog, mens du ofte rører, og skum af afskum, der dannes, indtil det bliver klistret.
d) Rør den flydende pektin i og kog i 5 minutter og lad derefter hvile i 5 minutter. Hæld i steriliserede glas. Læg låg på og opbevar i et mørkt skab.

9. Pebermarmelade

Gør: 3,5 pund Jam

INGREDIENSER:
- 6-8 mellemstore peberfrugter
- 2 ¾ pund (1,25 kg) sukker
- ½ pint (240 ml) Eddike 1 flaske flydende pektin

INSTRUKTIONER:
a) For den bedste farve, brug lige store mængder grøn og rød peberfrugt. For at forberede peberfrugterne skal du skære op og kassere frøene og derefter hakke kødet fint.
b) Mål sukker og eddike i en stor gryde og tilsæt
c) 14 oz (0,4 kg) af de tilberedte peberfrugter.
d) Bland godt og bring det i kog ved høj varme. Rør konstant før og under kogning.
e) Kog hurtigt i 2 minutter. Fjern fra varmen, rør den flydende pektin i.
f) Lad afkøle i 5 minutter. Skum evt.
g) Pot og dæk på sædvanlig måde.

DOSESILTE

10. Æble Chile marmelade

Gør: 5 (½-Pint) krukker

INGREDIENSER:
- 2 store æbler, skrællet og revet
- 3 spiseskefulde citronsaft på flaske
- 4 kopper æblejuice
- 3 spiseskefulde sukkerfri pektin
- 1 spsk stødt chile de árbol, eller tørret stødt rød peber
- ½ kop honning

INSTRUKTIONER:
a) Kombiner revet æble- og citronsaft i en 4-liters rustfrit stål eller emaljeret hollandsk ovn. Kog under konstant omrøring i 10 minutter eller indtil æblet er mørt.
b) Rør æblejuice, pektin og stødt chile de árbol i. Bring blandingen i kog, der ikke kan røres ned, ved høj varme under konstant omrøring.
c) Tilsæt honning. Kom blandingen tilbage til en fuld rullende kog. Kog hårdt i 1 minut under konstant omrøring. Fjern fra varmen. Skum skum evt.
d) Hæld varm marmelade i en varm krukke, så der efterlades ¼-tommer headspace. Fjern luftbobler. Tør krukkekanten af. Midter låg på krukken. Påfør båndet, og juster til fingerspidsstram. Placer glasset i en kogende vand dåse. Gentag indtil alle glas er fyldt.
e) Behandl krukker i 10 minutter, juster for højde. Sluk for varmen; tag låget af, og lad glassene stå i 5 minutter. Fjern glassene og afkøl.

11. Balsamico løg marmelade

Gør: 5 (½-Pint) krukker

INGREDIENSER:
- 2 lb. løg i tern
- ½ kop balsamicoeddike
- ½ kop ahornsirup
- 2 tsk kværnet hvid peber
- 1 laurbærblad
- 2 kopper æblejuice
- 3 spiseskefulde sukkerfri pektin
- ½ kop honning

INSTRUKTIONER:
a) Kombiner de første 6 ingredienser i en 6-quart rustfrit stål eller emaljeret hollandsk ovn. Kog over medium varme i 15 minutter, eller indtil løgene er gennemsigtige, omrør af og til.
b) Rør æblejuice og pektin i. Bring blandingen i kog, der ikke kan røres ned, ved høj varme under konstant omrøring.
c) Tilsæt honning under omrøring for at opløses. Kom blandingen tilbage til en fuld rullende kog. Kog hårdt i 1 minut under konstant omrøring. Fjern fra varmen. Fjern og kassér laurbærbladet. Skum skum evt.
d) Hæld varm marmelade i en varm krukke, så der efterlades ¼-tommer headspace. Fjern luftbobler. Tør krukkekanten af. Midter låg på krukken. Påfør båndet, og juster til fingerspidsstram. Placer glasset i en kogende vand dåse. Gentag indtil alle glas er fyldt.
e) Behandl krukker i 15 minutter, juster for højde. Sluk for varmen; tag låget af, og lad glassene stå i 5 minutter. Fjern glassene og afkøl.

12. Blåbærsyltetøj

Gør: 9 halvpints

INGREDIENSER:
- 8 kopper friske blåbær
- 6 kopper honning
- 3 spsk citronsaft
- 2 tsk stødt kanel
- 2 tsk revet citronskal
- ½ tsk stødt muskatnød
- 6 ounces flydende frugtpektin uden sukker

INSTRUKTIONER:
a) Placer blåbær i en foodprocessor; dæk til og puls indtil næsten helt blandet.
b) Overfør til en gryde. Rør honning, citronsaft, kanel, citronskal og muskatnød i. Bring det hele i kog ved høj varme under konstant omrøring. Rør pektin i.
c) Kog i 1 minut under konstant omrøring.
d) Fjern fra varmen; skum skummet af. Hæld varm blanding i varme steriliserede halvlitersglas, efterlad ¼-tommer headspace.
e) Fjern luftbobler; aftør fælge og juster låg. Behandle i 10 minutter i en kogende vand dåse.

33

13. Hindbærsyltetøj

Gør: 6halve pints

INGREDIENSER:
- 3½ lb. friske hindbær, knust
- ½ kop frisk citronsaft
- 4 spiseskefulde sukkerfri pektin
- 1½ kop honning

INSTRUKTIONER:
a) Placer hindbær i en hollandsk ovn.
b) Rør citronsaft og pektin i. Kog blandingen.
c) Rør i, skat. Opvarm yderligere 1 minut.
d) Fyld i en varm krukke, efterlad ¼-tommer headspace. Slip luftbobler og centrer låget.
e) Påfør båndet og gør det tætsiddende.
f) Placer glasset i en kogende vand dåse.
g) Proces i 10 minutter, idet der tages højde for højden.
h) Fjern glassene og afkøl.

14. Jordbær-tequila marmelade

Gør: 4 halve pints

INGREDIENSER:
- 5 kopper hakkede friske jordbær, knust
- ½ kop tequila
- 5 spiseskefulde sukkerfri pektin
- 1 kop agavesirup

INSTRUKTIONER:
a) Kombiner jordbær og tequila i en hollandsk ovn.
b) Rør pektin i.
c) Kog blandingen.
d) Rør agavesirup i. Opvarm yderligere 1 minut.
e) Fyld i en varm krukke, efterlad ¾-tommer headspace. Slip luftbobler og centrer låget. Påfør båndet og gør det tætsiddende.
f) Proces i 10 minutter, idet der tages højde for højden.
Sæt krukken i dåsen med kogende vand.
g) Fjern glassene og afkøl.

15. Mynte-Ananas marmelade

Gør: 10 halvliters glas

INGREDIENSER:
- En 20-ounce dåse knust ananas
- ¾ kop vand
- ¼ kop citronsaft
- 7½ kopper honning
- 10 spiseskefulde sukkerfri pektin
- ½ tsk mynteekstrakt
- Få dråber grøn farve

INSTRUKTIONER:
a) Læg knust ananas i en kedel. Tilsæt vand, citronsaft og honning. Rør grundigt.
b) Sæt på høj varme og under konstant omrøring, bring hurtigt i fuld kog med bobler over hele overfladen.
c) Kog hårdt i 1 minut under konstant omrøring.
d) Fjern fra varmen; tilsæt pektin, smagsekstrakt og farve. Skim.
e) Hæld straks i varme, sterile dåseglas, og efterlad ¼-tommer headspace.
f) Forsegl og forarbejde i 5 minutter i et kogende vandbad.

16. Jordbær-rabarber marmelade

Gør: circa 6 (½-PT./250-ML) KRUKKER

INGREDIENSER:
- 4½ kopper (1,1 L) ¼-tommer (0,5 cm) tykke skiver friske rabarber
- ½ kop (125 ml) frisk appelsinjuice (ca. 2 til 3 store appelsiner)
- 4 kopper modne friske jordbær
- 5 kopper (1,25 L) sukker
- 1 (3-ounce/88,5-ml) pose flydende pektin

INSTRUKTIONER:
a) Kombiner rabarber og appelsinjuice i en 3-liters gryde af rustfrit stål. Dæk til og bring det i kog ved middelhøj varme. Tag låget af, reducer varmen og lad det simre under jævnlig omrøring i 5 minutter, eller indtil rabarberne er møre.
b) Vask jordbær; fjerne og kassere stilke og skrog. Mos jordbær med en kartoffelmoser, indtil de er jævnt knust.
c) Mål 2 kopper kogte rabarber og 1¾ kopper (425 ml) mosede jordbær ind i en 6-quart rustfrit stål eller emaljeret hollandsk ovn. Rør sukker i. Bring blandingen i kog, der ikke kan røres ned, ved høj varme under jævnlig omrøring.
d) Tilsæt pektin, og pres straks hele indholdet ud af posen. Fortsæt med at koge i 1 minut under konstant omrøring. Fjern fra varmen. Skum skum evt.
e) Hæld varm marmelade i en varm krukke, og efterlad 0,5 cm fri plads. Fjern luftbobler. Tør krukkekanten af. Midter låg på krukken. Påfør båndet, og juster til fingerspidsstram. Placer krukken i kogende vand dåse. Gentag indtil alle glas er fyldt.
f) Behandl krukker i 10 minutter, justering for højde. Sluk for varmen; tag låget af og lad glassene stå i 5 minutter. Fjern glassene og afkøl.

17. Nektarin- og surkirsebærsyltetøj

Gør: OM 7 (½-PT./250-ML) KRUKKER

INGREDIENSER:
- 1½ lb. (750 g) nektariner, udstenede og finthakkede
- 2 kopper hakkede udstenede tærte kirsebær
- 6 spiseskefulde klassisk pektin
- 2 spsk citronsaft på flaske
- 6 kopper (1,5 L) sukker

INSTRUKTIONER:
a) Kombiner de første 4 ingredienser i en 4 liter (4-L) rustfrit stål eller emaljeret hollandsk ovn. Bring blandingen i kog, der ikke kan røres ned, ved høj varme under konstant omrøring.
b) Tilsæt sukker under omrøring for at opløses. Kom blandingen tilbage til en fuld rullende kog. Kog hårdt 1 minut under konstant omrøring. Fjern fra varmen. Skum skum evt.
c) Hæld varm marmelade i en varm krukke, og efterlad 0,5 cm fri plads. Fjern luftbobler. Tør krukkekanten af. Midter låg på krukken. Påfør båndet, og juster til fingerspidsstram. Placer krukken i kogende vand dåse. Gentag indtil alle glas er fyldt.
d) Behandl krukker i 10 minutter, justering for højde. Sluk for varmen; tag låget af og lad glassene stå i 5 minutter. Fjern glassene og afkøl.

18. Jordbær-tequila-agavemarmelade med lavt sukkerindhold

Gør: OM 4 (½-PT./250 ML) KRUKKER

INGREDIENSER:
- 5 kopper (1,25 L) hakkede friske jordbær
- ½ kop (125 ml) tequila
- 5 spiseskefulde (75 ml) pektin med lavt eller sukkerindhold
- 1 kop (250 ml) agavesirup

INSTRUKTIONER:
a) Kombiner de første 2 ingredienser i en 4 liter (4-L) rustfrit stål eller emaljeret hollandsk ovn. Knus bær med en kartoffelmoser.
b) Rør pektin i. Bring blandingen i kog, der ikke kan røres ned, ved høj varme under konstant omrøring.
c) Rør agavesirup i. Kom blandingen tilbage til en fuld rullende kog. Kog hårdt 1 minut under konstant omrøring. Fjern fra varmen. Skum skum evt.
d) Hæld varm marmelade i en varm krukke, og efterlad 0,5 cm fri plads. Fjern luftbobler. Tør krukkekanten af. Midter låg på krukken. Påfør båndet, og juster til fingerspidsstram. Placer krukken i kogende vand dåse. Gentag indtil alle glas er fyldt.
e) Behandl krukker i 10 minutter, justering for højde. Sluk for varmen; tag låget af og lad glassene stå i 5 minutter. Fjern glassene og afkøl.

19. Chokolade-kirsebærsyltetøj

Gør: circa 6 (½-PT./250-ML) KRUKKER

INGREDIENSER:
- 6 kopper (1,5 L) friske eller frosne, udstenede mørke, søde kirsebær, groft hakket
- 6 spiseskefulde klassisk pektin
- ¼ kop (60 ml) citronsaft på flaske
- 6 kopper (1,5 L) sukker
- ⅔ kop (150 ml) usødet kakao

INSTRUKTIONER:
a) Kombiner de første 3 ingredienser i en 4 liter (4-L) rustfrit stål eller emaljeret hollandsk ovn. Bring blandingen i kog, der ikke kan røres ned, ved høj varme under konstant omrøring.

b) Rør imens sukker og kakao sammen, indtil det er blandet; tilsæt det hele på én gang til den kogende kirsebærblanding. Kom blandingen tilbage til en fuld rullende kog. Kog hårdt 1 minut under konstant omrøring. Fjern fra varmen. Skum skum evt.

c) Hæld varm marmelade i en varm krukke, og efterlad 0,5 cm fri plads. Fjern luftbobler. Tør krukkekanten af. Midter låg på krukken. Påfør båndet, og juster til fingerspidsstram. Placer krukken i kogende vand dåse. Gentag indtil alle glas er fyldt.

d) Behandl krukker i 10 minutter, justering for højde. Sluk for varmen; tag låget af og lad glassene stå i 5 minutter. Fjern glassene og afkøl.

20. Orange-banan marmelade

Gør: OM 5 (½-PT./250-ML) KRUKKER

INGREDIENSER:
- 2 kopper frisk appelsinjuice med frugtkød (ca. 8 appelsiner)
- 1 kop (250 ml) honning
- 3 spiseskefulde (45 ml) citronsaft på flaske
- 2 lb. (1 kg) meget modne bananer, skrællet og hakket
- 1 vaniljestang, delt

INSTRUKTIONER:

a) Kombiner de første 4 ingredienser i en 4 liter (4-L) rustfrit stål eller emaljeret hollandsk ovn. Skrab frø fra vaniljestang; tilsæt til bananblandingen. Kog, under ofte omrøring, ved middel varme i ca. 25 minutter til geleringspunktet.

b) Hæld varm marmelade i en varm krukke, og efterlad 0,5 cm fri plads. Fjern luftbobler. Tør krukkekanten af. Midter låg på krukken. Påfør båndet, og juster til fingerspidsstram. Placer krukken i kogende vand dåse. Gentag indtil alle glas er fyldt.

c) Behandl krukker i 15 minutter, juster for højde. Sluk for varmen; tag låget af og lad glassene stå i 5 minutter. Fjern glassene og afkøl.

21. Abrikos-lavendel marmelade

Gør: circa 6 (½-PT./250-ML) KRUKKER

INGREDIENSER:
- 4 teskefulde (20 ml) tørrede lavendelknopper
- Osteklud
- Køkkensnor
- 3 lb. abrikoser, udstenede og hakkede (ca. 6 kopper/1,5 L)
- 4 kopper sukker
- 3 spiseskefulde (45 ml) citronsaft på flaske

INSTRUKTIONER:
a) Placer lavendelknopper på en 4-tommer (10 cm) firkant af ostelærred; binde med køkkensnor.
b) Placer abrikoser i en stor skål; mos med en kartoffelmoser, indtil den er knust. Rør sukker og citronsaft i; tilsæt cheesecloth pose, omrør indtil fugtet. Dæk til og afkøl 4 timer eller natten over.
c) Hæld abrikosblandingen i en 6-quart rustfrit stål eller emaljeret hollandsk ovn. Bring det i kog ved middel varme under omrøring, indtil sukkeret er opløst. Øg varmen til medium-høj. Kog under konstant omrøring i 45 minutter, eller indtil blandingen er tyknet, og et sliktermometer registrerer 220°F (104°C). Fjern fra varmen. Fjern og kassér posen med ostelærred.
d) Hæld varm marmelade i en varm krukke, og efterlad 0,5 cm fri plads. Fjern luftbobler. Tør krukkekanten af. Midter låg på krukken. Påfør båndet, og juster til fingerspidsstram. Placer krukken i kogende vand dåse. Gentag indtil alle glas er fyldt.
e) Behandl krukker i 10 minutter, justering for højde. Sluk for varmen; tag låget af og lad glassene stå i 5 minutter. Fjern glassene og afkøl.

22. Figen-og-pære marmelade

GØR: OM 4 (½-PT./250 ML) KRUKKER

INGREDIENSER:
- 2 kopper (250 ml) hakkede pærer
- 2 kopper (250 ml) hakkede friske figner
- 4 spiseskefulde (60 ml) klassisk pektin
- 2 spsk citronsaft på flaske
- 1 spiseskefuld (15 ml) vand
- 3 kopper (750 ml) sukker

INSTRUKTIONER:

a) Kombiner alle ingredienser, undtagen sukker, i en 4 liter (4-L) rustfrit stål eller emaljeret hollandsk ovn. Bring blandingen i kog, der ikke kan røres ned, ved høj varme under konstant omrøring.

b) Tilsæt sukker under omrøring for at opløses. Kom blandingen tilbage til en fuld rullende kog. Kog hårdt 1 minut under konstant omrøring. Fjern fra varmen. Skum skum evt.

c) Hæld varm marmelade i en varm krukke, og efterlad 0,5 cm fri plads. Tør krukkekanten af. Midter låg på krukken. Påfør båndet, og juster til fingerspidsstram. Placer krukken i kogende vand dåse. Gentag indtil alle glas er fyldt.

d) Behandl krukker i 10 minutter, justering for højde. Sluk for varmen; tag låget af og lad glassene stå i 5 minutter. Fjern glassene og afkøl.

23. Figen-, rosmarin- og rødvinsmarmelade

Gør: OM 4 (½-PT./250-ML) KRUKKER

INGREDIENSER:
- 1½ kop (375 ml) Merlot eller anden frugtig rødvin
- 2 spsk friske rosmarinblade
- 2 kopper finthakkede friske figner
- 3 spiseskefulde (45 ml) klassisk pektin
- 2 spsk citronsaft på flaske
- 2½ kopper (625 ml) sukker

INSTRUKTIONER:
a) Bring vin og rosmarin i kog i en lille gryde af rustfrit stål eller emaljeret. Sluk for varmen; dække og trække 30 minutter.
b) Hæld vin gennem en fin trådnet sigte i en 4 liter (4-L) rustfrit stål eller emaljeret gryde. Kassér rosmarin. Rør figner, pektin og citronsaft i. Bring blandingen i kog, der ikke kan røres ned, ved høj varme under konstant omrøring.
c) Tilsæt sukker under omrøring for at opløses. Kom blandingen tilbage til en fuld rullende kog. Kog hårdt 1 minut under konstant omrøring. Fjern fra varmen. Skum skum evt.
d) Hæld varm marmelade i en varm krukke, og efterlad 0,5 cm fri plads. Fjern luftbobler. Tør krukkekanten af. Midter låg på krukken. Påfør båndet, og juster til fingerspidsstram. Placer krukken i kogende vand dåse. Gentag indtil alle glas er fyldt.
e) Behandl krukker i 10 minutter, justering for højde. Sluk for varmen; tag låget af og lad glassene stå i 5 minutter. Fjern glassene og afkøl.

24. Melonsyltetøj

Gør: OM 5 (½-PT./250-ML) KRUKKER

INGREDIENSER:
- 14 kopper (3,5 L) 1-tommer (1 cm) cantaloupe eller andre orange-kødede melonterninger (ca. 2 store meloner)
- ¼ kop (60 ml) kosher salt
- 4 kopper sukker
- ¾ kop (175 ml) citronsaft på flaske
- 1 spiseskefuld (15 ml) knuste lyserøde peberkorn (valgfrit)

INSTRUKTIONER:
a) Bland melon og salt i en stor skål. Dæk til og lad stå i 2 timer. Dræne; skyl med koldt vand. Dræne.
b) Rør melon, sukker og citronsaft sammen i en 6-quart rustfrit stål eller emaljeret hollandsk ovn. Bring i kog; reducer varmen, og lad det simre uden låg i 20 minutter, eller indtil melonen er blød. Mos melonstykker med en kartoffelmoser. Lad det simre uden låg, under omrøring ofte, ca. 1 time til geleringspunktet. (Meloner afgiver meget vand, så tilberedningstiden kan variere.) Skum eventuelt skum og rør eventuelt peberkorn i.
c) Hæld varm marmelade i en varm krukke, og efterlad 0,5 cm fri plads. Fjern luftbobler. Tør krukkekanten af. Midter låg på krukken. Påfør båndet, og juster til fingerspidsstram. Placer krukken i kogende vand dåse. Gentag indtil alle glas er fyldt.
d) Behandl krukker i 15 minutter, juster for højde. Sluk for varmen; tag låget af og lad glassene stå i 5 minutter. Fjern glassene og afkøl.

25. Fersken-rosmarin marmelade

Gør: circa 6 (½-PT./250 ML) KRUKKER

INGREDIENSER:
- 2½ lb. (1,25 kg) friske ferskner (5 store)
- 1 tsk limeskal
- 6 spiseskefulde klassisk pektin
- ¼ kop (60 ml) frisk limesaft (ca. 3 lime)
- 2 (4-tommer/10-cm) rosmarinkviste
- 5 kopper (1,25 L) sukker

INSTRUKTIONER:
a) Skræl ferskner med en grøntsagsskræller. Fjern gruber, og hak groft. Mos med en kartoffelmoser, indtil den er jævnt knust. Mål 4 kopper knuste ferskner ind i en 6-quart rustfrit stål eller emaljeret hollandsk ovn. Rør limeskal og de næste 3 ingredienser i.
b) Bring blandingen i kog, der ikke kan røres ned, ved høj varme under konstant omrøring. Kog 1 minut under konstant omrøring.
c) Tilsæt sukker under omrøring for at opløses. Kom blandingen tilbage til en fuld rullende kog. Kog hårdt 1 minut under konstant omrøring. Fjern fra varmen. Fjern og kassér rosmarin. Skum skum evt.
d) Hæld varm marmelade i en varm krukke, og efterlad 0,5 cm fri plads. Fjern luftbobler. Tør krukkekanten af. Midter låg på krukken. Påfør båndet, og juster til fingerspidsstram. Placer krukken i kogende vand dåse. Gentag indtil alle glas er fyldt.
e) Behandl krukker i 10 minutter, justering for højde. Sluk for varmen; tag låget af og lad glassene stå i 5 minutter. Fjern glassene og afkøl.

26. Honning-pære marmelade

Gør: OM 5 (½-PT./250-ML) KRUKKER

INGREDIENSER:
- 3¼ lb. faste, modne pærer
- ½ kop (125 ml) æblejuice
- 1 spiseskefuld (15 ml) citronsaft på flaske
- ½ teskefulde (2,5 ml) stødt kanel
- 1 stykke frisk ingefær, skrællet og fintrevet
- 6 spiseskefulde pektin med lavt eller sukkerindhold
- ½ kop (125 ml) honning

INSTRUKTIONER:
a) Kombiner de første 5 ingredienser i en 6-quart rustfrit stål eller emaljeret hollandsk ovn. Kog uden låg ved medium varme i 15 minutter, eller indtil pæren er mør, under omrøring af og til. Mos pæreblandingen lidt med en kartoffelmoser, og bryd store bidder.
b) Rør pektin i. Bring blandingen i kog, der ikke kan røres ned, ved høj varme under konstant omrøring.
c) Rør honning i. Kom blandingen tilbage til en fuld rullende kog. Kog hårdt 1 minut under konstant omrøring. Fjern fra varmen. Skum skum evt.
d) Hæld varm marmelade i en varm krukke, og efterlad 0,5 cm fri plads. Fjern luftbobler. Tør krukkekanten af. Midter låg på krukken. Påfør båndet, og juster til fingerspidsstram. Placer krukken i kogende vand dåse. Gentag indtil alle glas er fyldt.
e) Behandl krukker i 10 minutter, justering for højde. Sluk for varmen; tag låget af og lad glassene stå i 5 minutter. Fjern glassene og afkøl.

27. Æblekagemarmelade

Gør: OM 5 (½-PT./250-ML) KRUKKER

INGREDIENSER:
- 6 kopper (1,5 L) skrællet Granny Smith æble i tern (ca. 6 æbler)
- 2 kopper æblejuice eller æblecider
- 2 spsk citronsaft på flaske
- 3 spiseskefulde (45 ml) klassisk pektin
- 1 tsk stødt kanel
- ½ teskefulde (2 ml) malet allehånde
- ¼ teskefulde (1 ml) stødt muskatnød
- 2 kopper sukker

INSTRUKTIONER:
a) Bring de første 3 ingredienser i kog i en 6-quart rustfrit stål eller emaljeret hollandsk ovn; reducer varmen, og lad det simre uden låg i 10 minutter, eller indtil æblet er blødt, og rør af og til.
b) Pisk pektin og de næste 3 ingredienser i. Bring blandingen i kog, der ikke kan røres ned, ved høj varme under konstant omrøring.
c) Tilsæt sukker under omrøring for at opløses. Kom blandingen tilbage til en fuld rullende kog. Kog hårdt 1 minut under konstant omrøring. Fjern fra varmen. Skum skum evt.
d) Hæld varm marmelade i en varm krukke, og efterlad 0,5 cm fri plads. Fjern luftbobler. Tør krukkekanten af. Midter låg på krukken. Påfør båndet, og juster til fingerspidsstram. Placer krukken i kogende vand dåse. Gentag indtil alle glas er fyldt.
e) Behandl krukker i 10 minutter, justering for højde. Sluk for varmen; tag låget af og lad glassene stå i 5 minutter. Fjern glassene og afkøl.

28. Fersken-bourbon marmelade

Gør: circa 6 (½-PT./250-ML) KRUKKER

INGREDIENSER:

- 4 lb. (2 kg) friske ferskner, skrællede
- 6 spiseskefulde klassisk pektin
- ¼ kop (60 ml) citronsaft på flaske
- ¼ kop (60 ml) bourbon
- 2 spsk finthakket krystalliseret ingefær
- 7 kopper (1,75 L) sukker

INSTRUKTIONER:

a) Udsten og hak ferskerne groft. Mål 4⅔ kopper (1,1 L) hakkede ferskner ind i en 6-quart rustfrit stål eller emaljeret hollandsk ovn, og mos med en kartoffelmoser, indtil de er jævnt knust. Rør pektin og de næste 3 ingredienser i.

b) Bring blandingen i kog, der ikke kan røres ned, ved høj varme under konstant omrøring.

c) Tilsæt sukker under omrøring for at opløses. Kom blandingen tilbage til en fuld rullende kog. Kog hårdt 1 minut under konstant omrøring. Fjern fra varmen. Skum skum evt.

d) Hæld varm marmelade i en varm krukke, og efterlad 0,5 cm fri plads. Fjern luftbobler. Tør krukkekanten af. Midter låg på krukken. Påfør båndet, og juster til fingerspidsstram. Placer krukken i kogende vand dåse. Gentag indtil alle glas er fyldt.

e) Behandl krukker i 10 minutter, justering for højde. Sluk for varmen; tag låget af og lad glassene stå i 5 minutter. Fjern glassene og afkøl.

29. Hindbærsyltetøj med lavt sukkerindhold

Gør: circa 6 (½-PT./250-ML) KRUKKER

INGREDIENSER:
- 3½ lb. (1,6 kg) friske hindbær
- ½ kop (125 ml) frisk citronsaft (ca. 5 citroner)
- 4 spiseskefulde (60 ml) pektin med lavt eller sukkerindhold
- 1½ kopper (375 ml) honning

INSTRUKTIONER:
a) Placer hindbær i en 6-quart rustfrit stål eller emaljeret hollandsk ovn. Knus hindbær med en kartoffelmoser.
b) Rør citronsaft og pektin i. Bring blandingen i kog, der ikke kan røres ned, ved høj varme under konstant omrøring.
c) Rør honning i. Kom blandingen tilbage til en fuld rullende kog. Kog hårdt 1 minut under konstant omrøring. Fjern fra varmen. Skum skum evt.
d) Hæld varm marmelade i en varm krukke, så der efterlades 0,5 mL headspace. Fjern luftbobler. Tør krukkekanten af. Midter låg på krukken. Påfør båndet, og juster til fingerspidsstram. Placer krukken i kogende vand dåse. Gentag indtil alle glas er fyldt.
e) Behandl krukker i 10 minutter, justering for højde. Sluk for varmen; tag låget af og lad glassene stå i 5 minutter. Fjern glassene og afkøl.

30. Tomat-urtemarmelade

Gør: OM 4 (½-PT./250-ML) KRUKKER

INGREDIENSER:

- 6 lb. (3 kg) blommetomater, udkernede og hakkede
- 1 tsk salt
- ½ teskefulde (2 ml) friskkværnet sort peber
- 3 fed hvidløg, hakket
- 2 laurbærblade
- 1¾ kopper (375 ml) sukker
- ½ kop (125 ml) balsamicoeddike
- ¼ kop (60 ml) tør hvidvin
- 2 teskefulde (10 ml) urter fra Provence

INSTRUKTIONER:

a) Kombiner de første 5 ingredienser i en 6-quart rustfrit stål eller emaljeret hollandsk ovn. Kog uden låg over medium-høj varme i 1 time eller indtil det halve, omrør ofte.
b) Rør sukker og de næste 3 ingredienser i. Kog, uden låg, ved middel varme i 45 minutter eller indtil meget tyk, under omrøring lejlighedsvis. Fjern og kassér laurbærblade.
c) Hæld varm marmelade i en varm krukke, og efterlad 0,5 ml headspace. Fjern luftbobler. Tør krukkekanten af. Midter låg på krukken. Påfør båndet, og juster til fingerspidsstram. Placer krukken i kogende vand dåse. Gentag indtil alle glas er fyldt.
d) Behandl krukker i 10 minutter, justering for højde. Sluk for varmen; tag låget af og lad glassene stå i 5 minutter. Fjern glassene og afkøl.

31. Zucchini-brød marmelade

Gør: OM 4 (½-PT./250-ML) KRUKKER

INGREDIENSER:
- 4 kopper strimlet zucchini
- 1 kop (250 ml) æblejuice
- 6 spiseskefulde klassisk pektin
- ¼ kop (60 ml) gyldne rosiner
- 1 spiseskefuld (15 ml) citronsaft på flaske
- 1 tsk stødt kanel
- ½ teskefulde (2 ml) stødt muskatnød
- 3 kopper (750 ml) sukker

INSTRUKTIONER:
a) Kombiner alle ingredienser, undtagen sukker, i en 6-quart rustfrit stål eller emaljeret hollandsk ovn. Bring blandingen i kog, der ikke kan røres ned, ved høj varme under konstant omrøring.
b) Tilsæt sukker under omrøring for at opløses. Kom blandingen tilbage til en fuld rullende kog. Kog hårdt 1 minut under konstant omrøring. Fjern fra varmen. Skum skum evt.
c) Hæld varm marmelade i en varm krukke, og efterlad 0,5 cm fri plads. Fjern luftbobler. Tør krukkekanten af. Midter låg på krukken. Påfør båndet, og juster til fingerspidsstram. Placer krukken i kogende vand dåse. Gentag indtil alle glas er fyldt.
d) Behandl krukker i 15 minutter, juster for højde. Sluk for varmen; tag låget af og lad glassene stå i 5 minutter. Fjern glassene og afkøl.

32. Bær-ale marmelade

Gør: circa 6 (½-PT./250-ML) KRUKKER

INGREDIENSER:
- 2 kopper hindbær, blåbær eller jordbær
- 2 flasker flat pale ale
- 6 spiseskefulde klassisk pektin
- 1 tsk citronskal
- 2 spsk frisk citronsaft
- 4 kopper sukker

INSTRUKTIONER:
a) Placer bær i en 6-quart rustfrit stål eller emaljeret hollandsk ovn. Knus bær med en kartoffelmoser. Rør ale og de næste 3 ingredienser i. Bring blandingen i kog, der ikke kan røres ned, ved høj varme under konstant omrøring.

b) Tilsæt sukker under omrøring for at opløses. Kom blandingen tilbage til en fuld rullende kog. Kog hårdt 1 minut under konstant omrøring. Fjern fra varmen. Skum skum evt.

c) Hæld varm marmelade i en varm krukke, og efterlad 0,5 cm fri plads. Fjern luftbobler. Tør krukkekanten af. Midter låg på krukken. Påfør båndet, og juster til fingerspidsstram. Placer krukken i kogende vand dåse. Gentag indtil alle glas er fyldt.

d) Behandl krukker i 10 minutter, justering for højde. Sluk for varmen; tag låget af og lad glassene stå i 5 minutter. Fjern glassene og afkøl.

33. Æble-chilesyltetøj med lavt sukkerindhold

Gør: OM 5 (½-PT./250-ML) KRUKKER

INGREDIENSER:
- 2 store æbler (ca. 8½ ounce/480 g, hver), skrællet og revet
- 3 spiseskefulde (45 ml) citronsaft på flaske
- 4 kopper æblejuice
- 3 spiseskefulde (45 ml) pektin med lavt eller sukkerindhold
- 1 spiseskefuld (15 ml) knust chile de árbol eller tørret knust rød peber
- ½ kop (125 ml) sukker
- ½ kop (125 ml) honning

INSTRUKTIONER:

a) Kombiner revet æble- og citronsaft i en 4 liter (4-L) rustfrit stål eller emaljeret hollandsk ovn. Kog under konstant omrøring i 10 minutter, eller indtil æblet er mørt.

b) Rør æblejuice, pektin og stødt chile de árbol i. Bring blandingen i kog, der ikke kan røres ned, ved høj varme under konstant omrøring.

c) Tilsæt sukker og honning under omrøring for at opløse sukker. Kom blandingen tilbage til en fuld rullende kog. Kog hårdt 1 minut under konstant omrøring. Fjern fra varmen. Skum skum evt.

d) Hæld varm marmelade i en varm krukke, og efterlad 0,5 cm fri plads. Fjern luftbobler. Tør krukkekanten af. Midter låg på krukken. Påfør båndet, og juster til fingerspidsstram. Placer krukken i kogende vand dåse. Gentag indtil alle glas er fyldt.

e) Behandl krukker i 10 minutter, justering for højde. Sluk for varmen; tag låget af og lad glassene stå i 5 minutter. Fjern glassene og afkøl.

34. Balsamico-løg marmelade

Gør: OM 5 (½-PT./250-ML) KRUKKER

INGREDIENSER:
- 2 lb. (1 kg) løg i tern
- ½ kop (125 ml) balsamicoeddike
- ½ kop (125 ml) ahornsirup
- 1½ teskefulde (7,5 ml) salt
- 2 teskefulde (10 ml) kværnet hvid peber
- 1 laurbærblad
- 2 kopper æblejuice
- 3 spiseskefulde (45 ml) pektin med lavt eller sukkerindhold
- ½ kop (125 ml) sukker

INSTRUKTIONER:
a) Kombiner de første 6 ingredienser i en 6-quart rustfrit stål eller emaljeret hollandsk ovn. Kog over medium varme i 15 minutter, eller indtil løgene er gennemsigtige, omrør af og til.
b) Rør æblejuice og pektin i. Bring blandingen i kog, der ikke kan røres ned, ved høj varme under konstant omrøring.
c) Tilsæt sukker under omrøring for at opløses. Kom blandingen tilbage til en fuld rullende kog. Kog hårdt 1 minut under konstant omrøring. Fjern fra varmen. Fjern og kassér laurbærblad. Skum skum evt.
d) Hæld varm marmelade i en varm krukke, og efterlad 0,5 cm fri plads. Fjern luftbobler. Tør krukkekanten af. Midter låg på krukken. Påfør båndet, og juster til fingerspidsstram. Placer krukken i kogende vand dåse. Gentag indtil alle glas er fyldt.
e) Behandl krukker i 15 minutter, juster for højde. Sluk for varmen; tag låget af og lad glassene stå i 5 minutter. Fjern glassene og afkøl.

35. Blåbær-citronsyltetøj

Gør: OM 4 (½-PT./250-ML) KRUKKER

INGREDIENSER:
- 4 kopper friske blåbær
- 3½ kopper (1,6 L) sukker
- 1 tsk citronskal
- 1 spsk (15 ml) frisk citronsaft
- 1 (3-ounce/88,5-ml) pose flydende pektin

INSTRUKTIONER:
a) Vask, afdryp og knus blåbær let med en ske (lige nok til at dele skindet). Mål 2½ kopper (625 ml) knuste blåbær ind i en 6-quart rustfrit stål eller emaljeret hollandsk ovn.

b) Tilsæt sukker og de næste 2 ingredienser. Bring blandingen i kog, der ikke kan røres ned, ved høj varme under konstant omrøring.

c) Tilsæt pektin, og pres straks hele indholdet ud af posen. Fortsæt med at koge i 1 minut under konstant omrøring. Fjern fra varmen. Skum skum evt.

d) Hæld den varme blanding i en varm krukke, og efterlad 0,5 cm fri plads. Fjern luftbobler. Tør krukkekanten af. Midter låg på krukken. Påfør båndet, og juster til fingerspidsstram. Placer krukken i kogende vand dåse. Gentag indtil alle glas er fyldt.

e) Behandl krukker i 10 minutter, justering for højde. Sluk for varmen; tag låget af og lad glassene stå i 5 minutter. Fjern glassene og afkøl.

36. Æblemarmelade

INGREDIENSER:
- 2 kopper skrællede, udkernede og hakkede pærer
- 1 kop skrællede, udkernede og hakkede æbler
- 6½ kopper sukker
- ¾ teskefulde stødt kanel
- ⅓ kop citronsaft på flaske
- 6 ounce flydende pektin

INSTRUKTIONER:

a) Knus æbler og pærer i en stor gryde og rør kanel i.
b) Bland sukker og citronsaft grundigt med frugter og bring det i kog ved høj varme under konstant omrøring. Rør straks pektin i. Bring det helt i kog og kog hårdt i 1 minut under konstant omrøring.
c) Fjern fra varmen, skum hurtigt skum af, og fyld sterile krukker og efterlader ¼-tommer headspace. Tør kanten af krukker af med et fugtigt rent køkkenrulle.
d) Juster låg og bearbejd.

37. Jordbær-rabarber gelé

INGREDIENSER:
- 1½ pund røde stilke af rabarber
- 1½ liters modne jordbær
- ½ tsk smør eller margarine for at reducere skumdannelse
- 6 kopper sukker
- 6 ounce flydende pektin

INSTRUKTIONER:
a) Vask og skær rabarber i 1-tommers stykker og blend eller kværn. Vask, stil og knus jordbær, et lag ad gangen, i en gryde.
b) Læg begge frugter i en gelépose eller dobbelt lag ostelærred og pres forsigtigt saften ud. Mål 3-½ kopper saft i en stor gryde. Tilsæt smør og sukker, bland grundigt til juice.
c) Bring det i kog ved høj varme under konstant omrøring. Rør straks pektin i. Bring det helt i kog og kog hårdt i 1 minut under konstant omrøring.
d) Fjern fra varmen, skum hurtigt skum af, og fyld sterile krukker, efterlad ¼-tommer headspace. Tør kanten af krukker af med et fugtigt rent køkkenrulle.
e) Juster låg og bearbejd.

38. Blåbær-krydderi marmelade

INGREDIENSER:

- 2-½ pints modne blåbær
- 1 spiseskefuld citronsaft
- ¾ tsk stødt muskatnød eller kanel
- 5-½ kopper sukker
- ⅔ kop vand
- 1 æske (1-¾ ounce) pulveriseret pektin

INSTRUKTIONER:

a) Vask og knus blåbær grundigt, ét lag ad gangen, i en gryde. Tilsæt citronsaft, krydderi og vand. Rør pektin i og bring det i kog ved høj varme under jævnlig omrøring.
b) Tilsæt sukkeret og bring det i kog igen. Kog hårdt i 1 minut under konstant omrøring.
c) Fjern fra varmen, skum hurtigt skum af, og fyld sterile krukker, efterlad ¼-tommer headspace. Tør kanten af krukker af med et fugtigt rent køkkenrulle.
d) Juster låg og bearbejd.

39. Vindrue-blomme gelé

INGREDIENSER:
- 3-½ pund modne blommer
- 3 pund modne Concord druer
- 1 kop vand
- ½ tsk smør eller margarine for at reducere skumdannelse (valgfrit)
- 8-½ kopper sukker
- 1 æske (1-¾ ounce) pulveriseret pektin

INSTRUKTIONER:
a) Vask og pit blommer; skræl ikke. Knus blommer og druer grundigt, et lag ad gangen, i en gryde med vand. Bring det i kog, læg låg på og lad det simre i 10 minutter.
b) Si saften gennem en gelépose eller dobbelt lag ostelærred. Mål sukker og stil til side.
c) Kombiner 6-½ kopper juice med smør og pektin i en stor gryde. Bring det hårdt i kog ved høj varme under konstant omrøring. Tilsæt sukkeret og bring det i kog igen. Kog hårdt i 1 minut under konstant omrøring.
d) Fjern fra varmen, skum hurtigt skum af, og fyld sterile krukker, efterlad ¼-tommer headspace. Tør kanten af krukker af med et fugtigt rent køkkenrulle.
e) Juster låg og bearbejd.

40. Gylden peber gelé

INGREDIENSER:
- 5 kopper hakket gul peberfrugt
- ½ kop hakket Serrano chilipeber
- 1½ kopper hvid destilleret eddike (5%)
- 5 kopper sukker
- 1 pose (3 ounce) flydende pektin

INSTRUKTIONER:
a) Vask alle peberfrugter grundigt; fjern stilke og frø fra peberfrugterne. Kom søde og varme peberfrugter i en blender eller foodprocessor.
b) Tilsæt nok af eddiken til at purere peberfrugterne, og purér derefter. Kombiner peber-eddikepuréen og den resterende eddike i en 8- eller 10-liters gryde. Opvarm til kog; kog derefter 10 minutter for at udtrække smag og farve.
c) Fjern fra varmen og si gennem en gelépose ned i en skål. (Geléposen foretrækkes; flere lag ostelærred kan også bruges.)
d) Mål 2-¼ kopper af den filtrede peber-eddikesaft tilbage i gryden. Rør sukker i, indtil det er opløst, og bring blandingen i kog. Tilsæt pektin, bring det i kog igen og kog hårdt i 1 minut under konstant omrøring.
e) Fjern fra varmen, skum hurtigt alt skum af, og fyld i sterile krukker, så der efterlades ¼-tommer headspace. Tør kanten af krukker af med et fugtigt rent køkkenrulle.
f) Juster låg og bearbejd.

41. Fersken-ananas marmelade

INGREDIENSER:
- 4 kopper drænet ferskenmasse
- 2 kopper drænet usødet knust ananas
- ¼ kop citronsaft på flaske
- 2 kopper sukker (valgfrit)

INSTRUKTIONER:
a) Vask grundigt 4 til 6 pund faste, modne ferskner. Dræn godt af. Skræl og fjern gruber. Kværn frugtkødet med et mellemstort eller groft blad, eller knus med en gaffel (brug ikke en blender).
b) Placer stødt eller knust frugt i en 2-liters gryde. Varm langsomt op for at frigive saft, under konstant omrøring, indtil frugten er mør.
c) Læg kogt frugt i en gelépose eller en si foret med fire lag ostelærred. Lad saften dryppe af i cirka 15 minutter. Gem saften til gelé eller anden brug.
d) Mål 4 kopper drænet frugtkød til fremstilling af spredning. Kombiner de 4 kopper frugtkød, ananas og citronsaft i en 4-liters gryde. Tilføj op til 2 kopper sukker, hvis det ønskes, og bland godt. Opvarm og kog forsigtigt i 10 til 15 minutter, mens du rører nok til at forhindre klæbning.
e) Fyld varme krukker hurtigt, efterlad ¼-tommer headspace. Tør kanten af krukker af med et fugtigt rent køkkenrulle.
f) Juster låg og bearbejd.

42. Kølet æblesyltetøj

INGREDIENSER:
- 2 spiseskefulde gelatinepulver uden smag
- 1 liter flaske usødet æblejuice
- 2 spiseskefulde citronsaft på flaske
- 2 spiseskefulde flydende kaloriefattigt sødemiddel
- Madfarve, hvis det ønskes

INSTRUKTIONER:

a) I en gryde blødgøres gelatinen i æble- og citronsaften. For at opløse gelatine, bring det i kog og kog i 2 minutter. Fjern fra varmen. Rør sødemiddel og madfarve i, hvis det ønskes.

b) Fyld krukker, efterlad ¼-tommer headspace. Tør kanten af krukker af med et fugtigt rent køkkenrulle. Juster lågene. Må ikke behandles eller fryses.

c) Opbevares i køleskab og bruges inden for 4 uger.

43. Køleskab druesyltetøj

INGREDIENSER:
- 2 spiseskefulde gelatinepulver uden smag
- 1 flaske (24 ounce) usødet druesaft
- 2 spiseskefulde citronsaft på flaske
- 2 spiseskefulde flydende kaloriefattigt sødemiddel

INSTRUKTIONER:
a) I en gryde blødgøres gelatinen i drue- og citronsaften. Bring det hele i kog for at opløse gelatine. Kog 1 minut og fjern fra varmen. Rør sødemiddel i.
b) Fyld varme krukker hurtigt, efterlad ¼-tommer headspace. Tør kanten af krukker af med et fugtigt rent køkkenrulle.
c) Juster lågene. Må ikke behandles eller fryses.
d) Opbevares i køleskab og bruges inden for 4 uger.

44. Kirsebærgele med pulveriseret pektin

INGREDIENSER:
- 3 ¾ dl kirsebærjuice
- 1 pakke pulveriseret pektin
- 4½ kopper sukker

INSTRUKTIONER:

a) For at tilberede juice. Vælg fuldt modne kirsebær. Sorter, vask og fjern stilke; ikke pit. Knus kirsebær, tilsæt vand, læg låg på, bring det i kog ved høj varme. Reducer varmen og lad det simre i 10 minutter. Ekstraher juice.

b) At lave gelé. Mål juice i en kedel. Tilsæt pektin og rør godt. Sæt på høj varme og under konstant omrøring bringes det hurtigt i kog, der ikke kan røres ned.

c) Tilsæt sukker, fortsæt med at røre, og opvarm igen til et helt rullende kog. Kog hårdt i 1 minut.

d) Fjern fra varmen; skum hurtigt skum af. Hæld gelé i varme, sterile dåseglas til ⅛ tomme fra toppen. Forsegl og bearbejd 5 minutter i et kogende vandbad.

45. Kirsebærsyltetøj med pulveriseret pektin

INGREDIENSER:
- 4 kopper malede udstenede kirsebær
- 1 pakke pulveriseret pektin
- 5 kopper sukker

INSTRUKTIONER:
a) For at tilberede frugt. Sorter og vask fuldt modne kirsebær; fjern stængler og gruber. Kværn kirsebær eller hak fint.
b) At lave marmelade. Mål færdiglavede kirsebær i en kedel. Tilsæt pektin og rør godt. Sæt på høj varme, og under konstant omrøring bringes det hurtigt i kog med bobler over hele overfladen.
c) Tilsæt sukker, fortsæt med at røre, og opvarm igen til en fuld boblende kog. Kog hårdt i 1 minut under konstant omrøring. Fjern fra varmen igen; skimme.
d) Hæld straks i varme, sterile dåseglas til ¼ tomme fra toppen. Forsegl og forarbejde 5 minutter i kogende vandbad.

46. Figenmarmelade med flydende pektin

INGREDIENSER:

- 4 kopper knuste figner (ca. 3 pund figner)
- ½ kop citronsaft
- 7 ½ kopper sukker
- ½ flaske flydende pektin

INSTRUKTIONER:

a) For at tilberede frugt. Sorter og vask fuldt modne figner; fjern stammenderne. Knus eller mal frugt.

b) At lave marmelade. Kom knuste figner og citronsaft i en kedel. Tilsæt sukker og rør godt. Sæt på høj varme og under konstant omrøring, bring hurtigt i fuld kog med bobler over hele overfladen. Kog hårdt i 1 minut under konstant omrøring.

c) Fjern fra varmen. Rør pektin i. Skum hurtigt skum af. Hæld straks i varme, sterile dåseglas til ⅛ tomme fra toppen. Forsegl og forarbejde 5 minutter i kogende vandbad.

47. Druegele med pulveriseret pektin

INGREDIENSER:
- 5 kopper druesaft
- 1 pakke pulveriseret pektin
- 7 kopper sukker

INSTRUKTIONER:

a) For at tilberede juice. Sorter, vask og fjern stilke fra fuldt modne druer. Knus druerne, tilsæt vand, læg låg på, og bring dem i kog ved høj varme. Reducer varmen og lad det simre i 10 minutter. Ekstraher juice.

b) At lave gelé. Mål juice i en kedel. Tilsæt pektin og rør godt. Sæt på høj varme og under konstant omrøring bringes det hurtigt i kog, der ikke kan røres ned.

c) Tilsæt sukker, fortsæt med at røre og bring det igen til et helt rullende kog. Kog hårdt i 1 minut.

d) Fjern fra varmen; skum hurtigt skum af. Hæld straks gelé i varme, sterile dåseglas til ¼ tomme fra toppen. Forsegl og forarbejde 5 minutter i et kogende vandbad.

48. Mynte-ananasmarmelade med flydende pektin

INGREDIENSER:
- En 20-ounce dåse knust ananas ¾ kop vand
- ¼ kop citronsaft
- 7 ½ kopper sukker
- 1 flaske flydende pektin ½ tsk mynteekstrakt Få dråber grøn farve

INSTRUKTIONER:
a) Læg knust ananas i en kedel. Tilsæt vand, citronsaft og sukker. Rør grundigt.
b) Sæt på høj varme og under konstant omrøring, bring hurtigt i fuld kog med bobler over hele overfladen. Kog hårdt i 1 minut under konstant omrøring. Fjern fra varmen; tilsæt pektin, smagsekstrakt og farve. Skim.
c) Hæld straks i varme, sterile dåseglas til ¼ tomme fra toppen. Forsegl og forarbejde 5 minutter i kogende vandbad.

49. Blandet frugtgele med flydende pektin

INGREDIENSER:
- 2 kopper tranebærjuice
- 2 kopper kvædesaft
- 1 kop æblejuice
- 7 ½ kopper sukker
- ½ flaske flydende pektin

INSTRUKTIONER:
a) For at tilberede frugt. Sorter og vask fuldt modne tranebær. Tilsæt vand, læg låg på og bring det i kog ved høj varme. Reducer varmen og lad det simre i 20 minutter. Ekstraher juice.

b) Sorter og vask kvæde. Fjern stilk og blomst ender; ikke parere eller kerne. Skær meget tynde eller skær i små stykker. Tilsæt vand, læg låg på og bring det i kog ved høj varme. Reducer varmen og lad det simre i 25 minutter. Ekstraher juice.

c) Sorter og vask æbler. Fjern stilk og blomst ender; ikke parere eller kerne. Skær i små stykker. Tilsæt vand, læg låg på og bring det i kog ved høj varme. Reducer varmen og lad det simre i 20 minutter. Ekstraher juice.

d) At lave gelé. Mål saft i en kedel. Rør sukker i. Sæt på høj varme og bring under konstant omrøring hurtigt til en fuld, rullende koge, der ikke kan røres ned.

e) Tilsæt pektin og vend tilbage til en fuld, rullende kog. Kog hårdt i 1 minut.

f) Fjern fra varmen; skum hurtigt skum af. Hæld straks gelé i varme, sterile dåseglas til ¼ tomme fra toppen. Forsegl og bearbejd 5 minutter i et kogende vandbad.

Gør: ni eller ti 8-ounce krukker.

50. Appelsingele

Gør: 4 eller 5 halv-pint glas.

INGREDIENSER:
- 3 ¼ kopper sukker
- 1 kop vand
- 3 spsk citronsaft ½ flaske flydende pektin
- En 6-ounce dåse (¾ kop) frossen koncentreret appelsinjuice

INSTRUKTIONER:
a) Rør sukkeret ud i vandet. Sæt på høj varme og bring under konstant omrøring hurtigt til en fuld, rullende koge, der ikke kan røres ned.
b) Tilsæt citronsaft. Kog hårdt i 1 minut.
c) Fjern fra varmen. Rør pektin i. Tilsæt optøet koncentreret appelsinjuice og bland godt.
d) Hæld straks gelé i varme, sterile dåseglas til ¼ tomme fra toppen. Forsegl og forarbejde 5 minutter i et kogende vandbad.

51. Krydret appelsingele

Gør: 4 halv-pint glas.

INGREDIENSER:
- 2 kopper appelsinjuice
- ⅓ kop citronsaft
- ⅔ kop vand
- 1 pakke pulveriseret pektin
- 2 spsk appelsinskal, hakket
- 1 tsk hel allehånde
- ½ tsk hele nelliker
- 4 stænger kanel, 2 tommer lang
- 3½ kopper sukker

INSTRUKTIONER:
a) Bland appelsinjuice, citronsaft og vand i en stor gryde.
b) Rør pektin i.
c) Læg appelsinskal, allehånde, nelliker og kanelstænger løst i et rent hvidt klæde, bind med en snor og tilsæt frugtblanding.
d) Sæt på høj varme og bring under konstant omrøring hurtigt til en fuld, rullende koge, der ikke kan røres ned.
e) Tilsæt sukker, fortsæt med at røre, og opvarm igen til en fuld, rullende kog. Kog hårdt i 1 minut.
f) Fjern fra varmen. Fjern krydderiposen og skum hurtigt skum af. Hæld straks gelé i varme, sterile dåseglas til ¼ tomme fra toppen. Forsegl og bearbejd 5 minutter i et kogende vandbad.

52. Orange syltetøj

INGREDIENSER:
- ¾ kop grapefrugtskal (½ grapefrugt)
- ¾ kop appelsinskal (1 appelsin)
- 13/ kop citronskal (1 citron)
- 1 liter koldt vand
- Frugtkød af 1 grapefrugt
- Frugtkød af 4 mellemstore appelsiner
- 2 kopper citronsaft
- 2 kopper kogende vand
- 3 kopper sukker

INSTRUKTIONER:
a) For at tilberede frugt. Vask og skræl frugt. Skær skrællen i tynde strimler. Tilsæt koldt vand og lad det simre i en overdækket gryde, indtil det er mørt (ca. 30 minutter). Dræne.
b) Fjern frø og hinde fra skrællet frugt. Skær frugten i små stykker.
c) At lave syltetøj. Tilsæt kogende vand til skræl og frugt. Tilsæt sukker og kog hurtigt til 9 °F over kogepunktet for vand (ca. 20 minutter), under jævnlig omrøring. Fjern fra varmen; skimme.
d) Hæld straks i varme, sterile dåseglas til ¼ tomme fra toppen. Forsegl og forarbejde 5 minutter i kogende vandbad.

Gør: 3 eller 4 halv-pint glas.

53. Abrikos-appelsin konserves

INGREDIENSER:
- 3 ½ kopper hakkede drænede abrikoser
- 1½ dl appelsinjuice
- Skal af ½ appelsin, strimlet
- 2 spsk citronsaft
- 3 ¼ kopper sukker
- ½ kop hakkede nødder

INSTRUKTIONER:
a) For at forberede tørrede abrikoser. Kog abrikoser uden låg i 3 kopper vand, indtil de er møre (ca. 20 minutter); dræn og hak.

b) At gøre konservere. Bland alle ingredienser undtagen nødder. Kog til 9 °F over kogepunktet for vand eller indtil tyk, under konstant omrøring. Tilføj nødder; rør grundigt. Fjern fra varmen; skimme.

c) Hæld straks i varme, sterile dåseglas til ¼ tomme fra toppen. Forsegl og bearbejd 5 minutter i kogende vandbad.

54. Ferskensyltetøj med pulveriseret pektin

Gør: omkring 6 halvliters glas.

INGREDIENSER:
- 3 ¾ kopper knuste ferskner
- ½ kop citronsaft
- 1 pakke pulveriseret pektin
- 5 kopper sukker

INSTRUKTIONER:
a) For at tilberede frugt. Sorter og vask fuldt modne ferskner. Fjern stilke, skind og gruber. Knus ferskner.
b) At lave marmelade. Mål knuste ferskner i en kedel. Tilsæt citronsaft og pektin; rør grundigt. Sæt på høj varme og under konstant omrøring, bring hurtigt i fuld kog med bobler over hele overfladen.
c) Tilsæt sukker, fortsæt med at røre og opvarm igen til en fuld, boblende kog. Kog hårdt i 1 minut under konstant omrøring. Fjern fra varmen; skimme.
d) Hæld straks i varme, sterile dåseglas til ¼ tomme fra toppen. Forsegl og bearbejd 5 minutter i kogende vandbad.

55. Krydret blåbær-ferskensyltetøj

Gør: 6 eller 7 halv-pint krukker.

INGREDIENSER:
- 4 kopper hakkede eller malede ferskner
- 4 kopper blåbær
- 2 spsk citronsaft
- ½ kop vand
- 5½ kopper sukker
- ½ tsk salt
- 1 stang kanel
- ½ tsk hele nelliker
- ¼ tsk hel allehånde

INSTRUKTIONER:
a) For at tilberede frugt. Sorter og vask fuldt modne ferskner; skræl og fjern gruber. Hak eller kværn ferskner.
b) Sorter, vask og fjern eventuelle stilke fra friske blåbær.
c) Tø frosne bær op.
d) At lave marmelade. Mål frugter i en kedel; tilsæt citronsaft og vand. Læg låg på, bring det i kog, og lad det simre i 10 minutter under omrøring af og til.
e) Tilsæt sukker og salt; rør grundigt. Tilsæt krydderier bundet i osteklæde. Kog hurtigt, under konstant omrøring, til 9 °F over kogepunktet for vand, eller indtil blandingen tykner.
f) Hæld straks i varme, sterile dåseglas til ¼ tomme fra toppen. Forsegl og bearbejd 5 minutter i kogende vandbad.

56. Ananasmarmelade med flydende pektin

Gør: 4 eller 5 halv-pint glas.

INGREDIENSER:
- En 20-ounce dåse knust ananas
- 3 spsk citronsaft
- 3 ¼ kopper sukker
- ½ flaske flydende pektin

INSTRUKTIONER:
a) Kom ananas og citronsaft i en kedel. Tilsæt sukker og rør godt. Sæt på høj varme og under konstant omrøring, bring hurtigt i fuld kog med bobler over hele overfladen.
b) Kog hårdt i 1 minut under konstant omrøring.
c) Fjern fra varmen; rør pektin i. Skim.
d) Lad stå i 5 minutter.
e) Hæld straks i varme, sterile dåseglas til ¼ tomme fra toppen.
f) Forsegl og bearbejd 5 minutter i kogende vandbad.

57. Blommegele med flydende pektin

Gør: 7 eller 8 halv-pint glas.

INGREDIENSER:
- 4 kopper blommejuice
- 7 ½ kopper sukker
- ½ flaske flydende pektin

INSTRUKTIONER:
a) For at tilberede juice. Sorter og vask fuldt modne blommer og skær dem i stykker; ikke skræl eller pit. Knus frugt, tilsæt vand, læg låg på og bring det i kog over høj varme. Reducer varmen og lad det simre i 10 minutter. Ekstraher juice.
b) At lave gelé. Mål juice i en kedel. Rør sukker i. Sæt på høj varme og bring under konstant omrøring hurtigt til en fuld, rullende koge, der ikke kan røres ned.
c) Tilsæt pektin; bring igen til fuld, rullende kog. Kog hårdt 1 minut.
d) Fjern fra varmen; skum hurtigt skum af. Hæld straks gelé i varme, sterile dåseglas til ¼ tomme fra toppen. Forsegl og forarbejde 5 minutter i et kogende vandbad.

58. Jordbærsyltetøj med pulveriseret pektin

INGREDIENSER:
- 5 ½ kopper knuste jordbær
- 1 pakke pulveriseret pektin
- 8 kopper sukker

INSTRUKTIONER:

a) For at tilberede frugt. Sorter og vask fuldt modne jordbær; fjern stilke og hætter igen. Knus bær.

b) At lave marmelade. Mål knuste jordbær i en kedel. Tilsæt pektin og rør godt. Sæt på høj varme, og under konstant omrøring bringes det hurtigt i kog med bobler over hele overfladen.

c) Tilsæt sukker, fortsæt med at røre og opvarm igen til en fuld, boblende kog. Kog hårdt i 1 minut under konstant omrøring. Fjern fra varmen igen; skimme.

d) Hæld straks i varme, sterile dåseglas til ¼ tomme fra toppen. Forsegl og bearbejd 5 minutter i kogende vandbad.

e) Gør: 9 eller 10 halv-pint glas.

59. Tutti-Frutti Jam

Gør: 6 eller 7 halv-pint krukker.

INGREDIENSER:
- 3 kopper hakkede eller malede pærer
- 1 stor appelsin
- ¾ kop drænet knust ananas
- ¼ kop hakkede maraschinokirsebær
- ¼ kop citronsaft
- 1 pakke pulveriseret pektin
- 5 kopper sukker

INSTRUKTIONER:
a) For at tilberede frugt. Sorter og vask modne pærer; pare og kerne. Hak eller mal pærerne. Skræl appelsinen, fjern kernerne, og hak eller kværn frugtkødet.
b) At lave marmelade. Mål hakkede pærer i en kedel. Tilsæt appelsin, ananas, kirsebær og citronsaft. Rør pektin i.
c) Sæt på høj varme, og under konstant omrøring bringes det hurtigt i kog med bobler over hele overfladen.
d) Tilsæt sukker, fortsæt med at røre, og opvarm igen til en fuld boblende kog. Kog hårdt i 1 minut under konstant omrøring. Fjern fra varmen igen; skimme.
e) Hæld straks i varme, sterile dåseglas til ¼ tomme fra toppen. Forsegl og bearbejd 5 minutter i kogende vandbad.

60. Konserveret druer

INGREDIENSER:
- 3 pund druer
- 3 pund sukker
- 1 pund frøede rosiner
- 3 appelsiner
- ½ pund valnøddekød, hakket

INSTRUKTIONER:

a) Adskil drueskallerne fra frugtkødet. Kog frugtkødet i ca. 10 minutter og sigt derefter for at fjerne frø, før det kombineres med skind.

b) Kom rosiner og appelsiner gennem en hakkemaskine. Tilføj til druer.

c) Tilsæt sukker og kog langsomt i ca. 45 minutter under jævnlig omrøring.

d) Tilsæt først valnødder inden lukning. Hæld i små glas og forsegl.

INGEN-PECTIN JAMS

61. Blackberry Jelly uden tilsat pektin

INGREDIENSER:
- 8 kopper brombærjuice
- 6 kopper sukker

INSTRUKTIONER:

a) For at tilberede juice. Vælg en andel af en fjerdedel undermodne bær til tre fjerdedele af moden frugt. Sorter og vask; fjern eventuelle stilke eller hætter. Knus bærrene, tilsæt vand, læg låg på og bring dem i kog ved høj varme. Reducer varmen og lad det simre i 5 minutter. Ekstraher juice.

b) At lave gelé. Mål juice i en kedel. Tilsæt sukker og rør godt. Kog over høj varme til 8 °F over kogepunktet for vand, eller indtil geléblandingen falder i et ark fra en ske.

c) Fjern fra varmen; skum hurtigt skum af. Hæld straks gelé i varme, sterile dåseglas til ¼ tomme fra toppen. Forsegl og bearbejd 5 minutter i et kogende vandbad.

62. Æblegele uden tilsat pektin

INGREDIENSER:
- 4 kopper æblejuice
- 2 spsk siet citronsaft, hvis det ønskes
- 3 kopper sukker

INSTRUKTIONER:

a) For at tilberede juice. Brug en andel af en fjerdedel undermodne æbler til tre fjerdedele fuldt moden syrlig frugt.

b) Sorter, vask og fjern stilke- og blomstender; ikke parere eller kerne. Skær æbler i små stykker. Tilsæt vand, læg låg på og bring det i kog ved høj varme. Reducer varmen og lad det simre i 20 til 25 minutter, eller indtil æblerne er bløde. Ekstraher juice.

c) At lave gelé. Mål æblejuice i en kedel. Tilsæt citronsaft og sukker og rør godt. Kog over høj varme til 8 ºF over kogepunktet for vand, eller indtil geléblandingen falder i et ark fra en ske.

d) Fjern fra varmen; skum hurtigt skum af. Hæld straks gelé i varme, sterile dåseglas til ¼ tomme fra toppen. Forsegl og forarbejde 5 minutter i et kogende vandbad.

63. Æblesyltetøj uden tilsat pektin

INGREDIENSER:
- 8 kopper æbler i tynde skiver
- 1 appelsin
- 1½ dl vand
- 5 kopper sukker
- 2 spsk citronsaft

INSTRUKTIONER:

a) For at tilberede frugt. Vælg syrlige æbler. Vask, skræl, kvartér og udkern æblerne. Skær tyndt. Del appelsinen i kvarte, fjern eventuelle kerner og skær den i meget tynde skiver.

b) At lave syltetøj. Varm vand og sukker op, indtil sukkeret er opløst. Tilsæt citronsaft og frugt. Kog hurtigt, under konstant omrøring, til 9 °F over kogepunktet for vand, eller indtil blandingen tykner. Fjern fra varmen; skimme.

c) Hæld straks i varme, sterile dåseglas til ½ tomme fra toppen. Forsegle. Bearbejd 5 minutter i kogende vandbad.

64. Kvædegele uden tilsat pektin

Gør: omkring fire 8-ounce krukker

INGREDIENSER:
- 3 ¾ kopper kvædesaft
- ⅓ kop citronsaft
- 3 kopper sukker

INSTRUKTIONER:
a) For at tilberede juice. Vælg en andel på omkring en fjerdedel undermoden kvæde og tre fjerdedele fuldt moden frugt. Sorter, vask og fjern stilke og blomstender; ikke parere eller kerne. Skær kvæde meget tynde eller skær i små stykker.
b) Tilsæt vand, læg låg på og bring det i kog ved høj varme. Reducer varmen og lad det simre i 25 minutter. Ekstraher juice.
c) At lave gelé. Mål kvædesaft i en kedel. Tilsæt citronsaft og sukker. Rør grundigt. Kog over høj varme til 8 ° F over kogepunktet for vand, eller indtil geléblandingen danner et ark fra en ske.
d) Fjern fra varmen; skum hurtigt skum af. Hæld gelé i varme, sterile dåseglas til ¼ tomme fra toppen. Forsegl og bearbejd 5 minutter i et kogende vandbad.

FRISK SYLTE

65. Pink Lemonade Açaí syltetøj

Gør: omkring ¾ kop

INGREDIENSER:
- 1 kop Açaí puré
- ¼ kop rørsukker
- 2 spsk pink limonade
- Knivspids salt
- 3 spsk malede chiafrø

INSTRUKTIONER:
a) Rør Açaí, sukker, lyserød limonade og en knivspids salt sammen i en lille gryde.
b) Bring det i kog og kog i 10-15 minutter, indtil det er lidt tykt.
c) Rør stødt chia i, indtil det er godt blandet.
d) Lad sidde til stuetemperatur, overfør derefter til en beholder og stil på køl, indtil den er klar til brug.

66. Jordbær lavendel marmelade

Gør: 1 batch

INGREDIENSER:
- 1 pund jordbær
- 1 pund sukker
- 24 lavendel stilke
- 2 citroner, saft af

INSTRUKTIONER:
a) Vask, tør og skræl jordbærrene.
b) Læg dem i en skål med sukkeret og 1 dusin af lavendelstilkene, og stil dem et køligt sted natten over.
c) Kassér lavendel og læg bærblandingen i en ikke-aluminiumsgryde.
d) Bind de resterende lavendelstængler sammen og tilsæt dem til bærene.
e) Tilsæt citronsaften.
f) Kog op, og lad det derefter simre i 25 minutter.
g) Skum eventuelt skum fra toppen. Kassér lavendel og hæld marmeladen i steriliserede glas. Forsegle.

67. Honeysuckle sirup

Giver: 1 portion

INGREDIENSER:
- 4 pund Friske kaprifolier kronblade
- 8 pints Kogende vand
- Sukker

INSTRUKTIONER:
a) Infunder kronblade i vand i 12 timer.
b) Stil til side i et par timer.
c) Dekanter og tilsæt dobbelt så meget sukker, og lav en sirup.

68. Rabarber, rose og jordbærsyltetøj

Gør: omkring 6 pints

INGREDIENSER:
- 2 pund rabarber
- 1 pund jordbær
- ½ pund stærkt duftende rosenblade
- 1½ pund sukker
- 4 saftige citroner, inklusive kerner, blev sat til side

INSTRUKTIONER:
a) Skær rabarberne i skiver og læg dem i en skål med de hele afskallede jordbær og sukker. Hæld citronsaften på, læg låg på og lad det stå natten over.
b) Hæld indholdet af skålen i en ikke-reaktiv gryde. Tilsæt citronfrø bundet i en musselinpose og bring forsigtigt i kog. Kog i 2 minutter, og hæld derefter grydens indhold tilbage i skålen. Dæk til og lad det stå et køligt sted natten over endnu en gang.
c) Kom rabarber- og jordbærblandingen tilbage i gryden.
d) Fjern de hvide spidser fra bunden af rosenbladene og kom kronbladene i gryden, og skub dem godt ned blandt frugterne.
e) Bring i kog og kog hurtigt indtil indstillingspunktet er nået, og hæld derefter i varme steriliserede glas.
f) Forsegl og bearbejd.

69. **Æblemossirup**

Gør: 4

INGREDIENSER:
- ½ kop vildblomsthonning
- 32 ounce æbler i juice
- 1 spsk Havmos gel
- En halv lime saftet

INSTRUKTIONER:
a) Hæld æblejuice gennem en finmasket si og i en lille gryde på komfuret. Indstil komfurtemperaturen til medium-høj.
b) Tilsæt honning og rør til det er blandet ind
c) Juster komfurtemperaturen til det punkt, hvor væsken bobler uden kraftigt sprøjt
d) Tilsæt de resterende ingredienser og fortsæt med at røre.
e) Efterhånden som væsken aftager, og indholdet bliver mere koncentreret, skal du muligvis justere til en lavere temperatur.
f) Lad koge på komfuret, indtil ⅓ til ¼ af startvæsken er tilbage.
g) For at teste konsistensen, læg 1-3 spiseskefulde i en lille glasskål og stil i fryseren i 30 sekunder til 1 minut.
h) Brug en tandstik eller en ren finger, rør ved væsken og løft langsomt fingeren.
i) Det du leder efter er konsistens så tæt på honning som muligt.
j) Jo mere der er tilbage at koge, jo tykkere er konsistensen. Du bestemmer selv, hvor tynd eller tyk du vil have den
k) Når væsken er kogt ned og du har opnået den ønskede konsistens, sluk for komfuret og lad det køle af i cirka 10 minutter. Væsken skal stadig være meget varm, men ikke kogende.
l) Si væsken gennem en finmasket si ned i en murerkrukke.
m) Læg låget på glasset og lad det køle af.

70. **Havmos æblesauce**

Gør: 4

INGREDIENSER:
- 10 økologiske æbler, vasket og skrællet
- 2 spiseskefulde af din yndlings te
- 2,5 dl vand
- Valgfrit: ahornsirup

INSTRUKTIONER:
a) Hak æblerne groft og del dem i 2 skåle. Hver skål vil indeholde omkring 3,5 kopper æbler.
b) Bryg 2 kander te med 2,5 kopper vand og 2 spiseskefulde te pr. kande.
c) Si teen og kom væsken tilbage i gryden med blusset/varmen på lavt niveau.
d) Tilsæt 3 ½ kopper groft hakkede æbler til hver gryde.
e) Lad det simre til æblerne er bløde og let kan stikkes igennem eller moses.
f) Når æblerne er færdige, skruer du op for blusset og koger den overskydende væske ud.
g) Når væsken er reduceret, så den er 50 % af antallet af æbler i gryden, så brug en stavblender eller blender og blend.
h) Din æblemos skal være sød i sig selv, men da hver høst ikke er den samme, kan æblerne have brug for hjælp. I dette tilfælde skal du tilføje et strejf af ahornsirup, indtil du er tilfreds.
i) Ske eller hæld i rene, steriliserede glas.
j) Lad afkøle.
k) Når den er afkølet, dæk til og stil på køl.
l) Når det er tid til servering, hæld 2 spsk tilberedt havmos i æblemosen og bland og nyd.

71. Açaí-Chia Jam

Gør: omkring ¾ kop

INGREDIENSER:
- Açaí puré
- ¼ kop rørsukker
- 2 spsk citronsaft
- Knivspids salt
- 3 spsk malede chiafrø

INSTRUKTIONER:
a) Rør Açaí, sukker, citronsaft og en knivspids salt sammen i en lille gryde. Bring det i kog og kog i 10-15 minutter, indtil det er lidt tykt.
b) Rør stødt chia i, indtil det er godt blandet. Lad sidde til stuetemperatur, overfør derefter til en beholder og stil på køl, indtil den er klar til brug.

FRYSEMASTER

72. Jordbær fryser syltetøj

Gør: 3 pund

INGREDIENSER:
- 1¼ pund (600 g) friske jordbær
- 2 pund strøsukker
- 3 spiseskefulde (50 ml) citronsaft
- ½ flaske flydende pektin

INSTRUKTIONER:
a) Knus jordbærrene i en stor skål med en træske.
b) Rør sukkeret i og lad det stå i et lunt køkken i ca. 1 time, rør af og til, indtil sukkeret er opløst.
c) Tilsæt flydende pektin og rør godt.
d) Tilsæt citronsaften og fortsæt med at røre i 2 minutter.
e) Hæld i små beholdere, dæk forsvarligt. Lad stå et lunt sted i 48 timer og frys derefter.

73. **Kiwi Jam**

INGREDIENSER:
- 1¼ pund (550 g) Kiwi frugt
- 2 pund sukker (helst caster)
- ½ flaske flydende pektin
- 2 spiseskefulde (30 ml) citronsaft

INSTRUKTIONER:

a) Skræl frugten tyndt og fjern det hårde stykke i stilkenden.
b) Knus frugten grundigt og bland med sukkeret.
c) Lad stå i et varmt køkken i 1 time under omrøring fra tid til anden.
d) Tilsæt flydende pektin og bland grundigt.
e) Tilsæt citronsaft og rør i 2 minutter for at blande grundigt.
f) Overfør til passende små frysebeholdere, så der er plads til udvidelse.
g) Dæk med frysefolie eller husholdningsfilm.
h) Lad stå i et varmt køkken i 24 - 48 timer, og frys derefter.

74. Hindbær/solbærsyltetøj

Gør: 3 pund

INGREDIENSER:
- 1¼ pund (600 g) Hindbær eller solbær
- 2 pund strøsukker
- 2 spiseskefulde (30 ml) citronsaft ½ flaske flydende pektin

INSTRUKTIONER:

a) Knus hindbærene: Hvis du bruger solbær, læg dem i en flydende væske på pulsindstilling og brug korte stød til at bryde skindet op. Kom i en skål med sukkeret og rør grundigt.

b) Lad stå i et lunt køkken i ca. 1 time, og rør af og til, indtil sukkeret er opløst.

c) Tilsæt flydende pektin og rør i 2 minutter.

d) Tilsæt citronsaften og fortsæt med at røre i 2 minutter.

e) Hæld i små beholdere, dæk forsvarligt. Lad stå et lunt sted i 48 timer og frys derefter.

TRADITIONELLE JAMS

75. **Æble og ingefær**

Gør: 5 pund

INGREDIENSER:
- 3 pund madlavningsæbler
- 3 pund sukker
- 1½ pints (850 ml) vand
- 1 oz (30 g) forslået ingefær i en muslinpose
- 2 oz (55 g) hakket krystalliseret ingefær
- ½ flaske flydende pektin

INSTRUKTIONER:
a) Skræl og udkern æblerne, kom skræl og kernehus i en gryde sammen med vandet, bring det i kog og kog i 10 minutter, knus og si.
b) Skær æblerne i skiver, læg dem i en stor gryde sammen med den siede saft, dingl ingefæren og lad dem simre forsigtigt, indtil æblerne er møre.
c) Tilsæt sukkeret til de kogte æbler og varm langsomt op, under omrøring af og til, indtil sukkeret er opløst.
d) Tilsæt den krystalliserede ingefær, bring det i kog og kog hurtigt i 2 minutter.
e) Fjern fra varmen, tag muslinposen ud og rør den flydende pektin i.
f) Rør og skum skiftevis i otte minutter for at afkøle og forhindre flydende frugt.
g) Pot og dæk på sædvanlig måde.

76. Abrikossyltetøj

Gør: 5 pund

INGREDIENSER:
- 2 pund abrikoser (modne)
- 3 pund sukker
- ½ flaske flydende pektin

INSTRUKTIONER:
a) Udsten og skær abrikoserne i små stykker, og knus dem grundigt. Må ikke skrælles.
b) Kom frugten i en gryde med sukkeret, opvarm forsigtigt under omrøring af og til, indtil sukkeret er opløst.
c) Bring hurtigt i kog og kog hurtigt i 1 minut under omrøring af og til.
d) Fjern fra varmen og rør den flydende pektin i.
e) Skum, gryder og dæk på sædvanlig måde.

77. Æble & Blackberryjam

Gør: 8 pund

INGREDIENSER:
- 2 pund tilberedte æbler
- 5 pund (2,3 kg) sukker
- 1½ pund (700 g) brombærsaft af 1 citron
- 1 flaske flydende pektin

INSTRUKTIONER:
a) Udkern og skræl æblerne, skær dem i små stykker og kom dem i en stor gryde med ¼ pint vand.
b) Bring det i kog og lad det simre i 15 minutter.
c) Knus brombær grundigt og kom i en anden gryde med 4 spiseskefulde (60 ml)
d) af vand.
e) Lad det simre i 10-15 minutter.
f) Læg i geléklæde og lad saften dryppe af. Mål og tilsæt vand, hvis det er nødvendigt, for at lave 1 pint (570 ml).
g) Tilsæt til æblekød med sukker og citronsaft.
h) Varm langsomt op, indtil sukkeret er opløst, under konstant omrøring.
i) Bring det helt i kog og kog op for
j) 2 minutter.
k) Fjern fra varmen og rør den flydende pektin i.
l) Skum, gryder og dæk på sædvanlig måde.

78. Sort drue og portvinssyltetøj

Gør: 7 pund

INGREDIENSER:
- 4 pund (1,8 kg) sorte druer 4½ pund (2,1 kg) sukker
- ¼Pint vandsaft af 1 citron
- 3 spiseskefulde (950 ml) portvin
- 1 flaske flydende pektin

INSTRUKTIONER:
a) Brug kun fuldt modne druer, vask frugten og fjern kernerne.
b) Kom i en gryde med vandet og lad det simre til det er mørt (ca. 15 minutter).
c) Tilsæt citronsaft og sukker.
d) Bring det helt i kog og kog hurtigt i 5 minutter.
e) Tag af varmen og skum evt. Tilsæt flydende pektin og portvin.
f) Lad den køle lidt af for at forhindre frugten i at flyde.
g) Pot og dæk på sædvanlig måde.

79. Blackberry Jam

Gør: 5 pund

INGREDIENSER:
- 2 pund bær
- 3 pund sukker
- ½ flaske flydende pektin

INSTRUKTIONER:
a) Brug kun fuldt moden frugt. Knus grundigt.
b) Kom den tilberedte frugt og sukkeret i en stor gryde, bland godt og varm forsigtigt op, indtil sukkeret er opløst.
c) Bring det hele i kog og kog over den varmeste varme.
d) Rør konstant før og under kogning.
e) Kog hårdt i 2 minutter.
f) Fjern fra varmen og rør den flydende pektin i.
g) Skum og rør rundt i kun 5 minutter.
h) Afkøl let for at forhindre frugten i at flyde.
i) Pot og dæk på sædvanlig måde.

80. Solbærsyltetøj

Gør: 5 pund

INGREDIENSER:
- 2 pund solbær
- 3¼ pund sukker
- ½ pint vand
- ½ flaske flydende pektin

INSTRUKTIONER:
a) Top, hale og vask frugten.
b) Knus godt, og kom frugten i en stor gryde med vandet, bring det i kog og lad det simre under låg i 15 minutter eller indtil skindet er blødt.
c) Tilsæt sukkeret, rør godt og varm forsigtigt op til sukkeret er opløst.
d) Bring det hele i kog og kog hurtigt i 1 minut under omrøring af og til.
e) Tag af varmen og rør den Flydende Pektin i – skum evt.
f) Pot og dæk på sædvanlig måde.

81. Dåse abrikos & ananas marmelade

Gør: 5 pund

INGREDIENSER:
- 2 x 15 oz dåser Abrikoshalvdele
- 3 pund sukker
- 2 x 16 oz ananas ringe
- Saft af 1 citron 1 flaske flydende pektin

INSTRUKTIONER:
a) Dræn frugten, hak ananasringene og abrikoserne fint.
b) Kom frugten i en gryde, tilsæt sukker og citronsaft.
c) Varm langsomt op, indtil alt sukkeret er opløst, under konstant omrøring.
d) Bring det helt i kog og kog hårdt i 2 minutter.
e) Fjern fra varmen og rør den flydende pektin i.
f) Skum marmeladen, og rør derefter. Lad det køle lidt af.
g) Hæld hurtigt i rene glas, forsegl og dæk til på sædvanlig måde.

82. Kirsebærsyltetøj

Gør: 5 pund

INGREDIENSER:
- 2,5 pund stenede kirsebær
- 3 pund sukker
- ¼ pint vand
- 3 jævne spiseskefulde citronsaft
- 1 flaske flydende pektin

INSTRUKTIONER:
a) Svits kirsebærene i vandet og citronsaften i en tildækket gryde i 15 minutter.
b) Overfør til en rigtig stor gryde inden sukkeret tilsættes.
c) Tilsæt sukkeret og varm forsigtigt op, rør af og til, indtil sukkeret er opløst.
d) Bring det helt i kog og kog hurtigt i 1-2 minutter.
e) Rør den flydende pektin i og fortsæt med at koge i 1 minut.

f) Tag af varmen, skum evt. af, afkøl lidt, gryder og dæk på sædvanlig vis.

83. **Damson Jam**

Gør: 5 pund

INGREDIENSER:
- 2½ pund frugt
- 3¼ pund sukkersaft af 1 citron
- ½ pint vand
- ½ flaske flydende pektin

INSTRUKTIONER:
a) Vask frugten og kom i en gryde med vandet.
b) Rør indtil blandingen koger.
c) Dæk til og lad det simre i 15 minutter.
d) Tilsæt sukker og citronsaft, bland godt.
e) Bring det hele i kog over den varmeste varme.
f) Tilsæt et lille stykke smør.
g) Rør konstant før og under kogning.
h) Kog hårdt i 1 minut.
i) Fjern fra varmen, rør den flydende pektin i.
j) Skim for at fjerne afskum og eventuelle sten.
k) Hæld hurtigt og dæk.

84. Frisk figenmarmelade

Gør: 5 pund

INGREDIENSER:
- 2 Pund Modne Fig
- 3,5 pund sukker
- Saft af 2 citroner
- 1 flaske flydende pektin

INSTRUKTIONER:
a) Placer figner i en stor gryde, saften af 2 citroner, 2 pund figner og 3 ½ pund sukker.
b) Bland godt og varm langsomt op, indtil sukkeret er opløst.
c) Bring det hele i kog under konstant omrøring.
d) Kog hårdt i 1 minut, tag derefter af varmen og rør den flydende pektin i.
e) Skum, gryder og dæk på sædvanlig måde.

85. Ingefær marmelade

Gør: 5 pund

INGREDIENSER:
- 1 pund rod ingefær
- 3 pund sukker
- 6 spsk citronsaft
- 1 flaske flydende pektin

INSTRUKTIONER:
a) Skræl ingefæren og skær den i ¼" (6 mm) terninger
b) Dæk med koldt vand, bring det i kog, lad det simre i 5 minutter og afdryp.
c) Dæk med frisk koldt vand, bring det i kog, lad det simre i 5 – 10 minutter. Dræn godt af.
d) Overfør til en virkelig stor gryde, tilsæt sukker og 14 ounce (400 ml) vand og citronsaften. Varm op til kog under omrøring, lad det simre i 5 minutter, og lad det køle af i flere timer eller natten over.
e) Tilsæt en lille klat smør for at forhindre skum, bring det i kog og kog så hurtigt som muligt i 2 minutter. Fjern fra varmen.
f) Rør den flydende pektin i. Lad den køle af under lejlighedsvis omrøring i 5-10 minutter, indtil den er ved at stivne.
g) Hæld i varme glas, og dæk på sædvanlig vis.

86. Stikkelsbærsyltetøj

Gør: 5 pund

INGREDIENSER:
- 2 pund stikkelsbær
- 3½ pund sukker
- ¼ pint vand
- ½ flaske flydende pektin

INSTRUKTIONER:
a) Top, hale og vask stikkelsbærene. Kom stikkelsbærene i en gryde med vandet, bring det i kog og lad det simre under låg i 15 minutter eller indtil skindet er blødt, rør af og til.
b) Tilsæt sukkeret og varm langsomt op, indtil sukkeret er opløst, rør af og til.
c) Bring hurtigt i kog og kog hurtigt i 2 minutter under omrøring af og til.
d) Tag af varmen og rør Flydende Pektin i – skum evt.
e) Lad det køle lidt af, gryder og dæk på sædvanlig måde.

87. **Kiwi Jam**

Gør: 5 pund

INGREDIENSER:
- 2 pund Kiwi frugt
- 3½ pund sukker
- ½ flaske flydende pektin

INSTRUKTIONER:
a) Skræl frugten tyndt, og fjern det hårde stykke i stilkens ende.
b) Knus frugten grundigt og bland med sukkeret.
c) Overfør til en stor pande, og varm forsigtigt op, indtil alt sukkeret er opløst.
d) Varm hurtigt op til kog og kog (en fuld rullende opkog) i 2 minutter.
e) Fjern fra varmen og rør den flydende pektin i, bland godt.
f) Lad det køle af i 2 til 3 minutter, og sæt det op på sædvanlig vis.

88. Marv & Ingefær Jam

Gør: 5 pund

INGREDIENSER:
- 1 Marv
- 3¼ pund sukker
- 4 spsk vand
- Saft af 1 citron
- 2 oz forslået ingefær
- 4 oz hakket krystalliseret ingefær
- 1 flaske flydende pektin

INSTRUKTIONER:
a) Skræl marven og kassér skindet og frøene, skær det fint.
b) Læg marven i en gryde med vandet og lad det simre under låg i 20 minutter.
c) Rod ingefær skal bindes i en musselinpose og lægges i en gryde sammen med sukker, kogt marv, hakket krystalliseret ingefær og citronsaft; bland godt og varm forsigtigt op under omrøring af og til, indtil sukkeret er opløst.
d) Bring det helt i kog og kog i 2 minutter.
e) Fjern fra varmen, tag muslinposen ud og rør den flydende pektin i.
f) Lad det køle af for at forhindre frugten i at flyde. Pot og dæk på sædvanlig måde.

89. Blandet frugtsyltetøj

Gør: 5 pund

INGREDIENSER:
- ½ pund (225 g) tørrede ferskner
- 4 pund (1,7 kg) sukker
- ½ pint (285 ml) vand
- ½ pund (225 g) pærer
- 1½ pund (700 g) æbler
- ⅛ pint (75 ml) vand
- ½ flaske flydende pektin

INSTRUKTIONER:
a) Udblød de tørrede ferskner i vand i mindst 4 timer.
b) Skræl og udkern æbler og pærer og skær dem i skiver. Kom i en gryde med ferskerne og vandet.
c) Dæk til og lad det simre forsigtigt, indtil det er mørt (ca. 15 minutter).
d) Tilsæt sukker, rør til det er opløst.
e) Bring det helt i kog og kog hårdt i 2 minutter.
f) Fjern fra varmen og rør den flydende pektin i.
g) Skum evt. Pot og dæk på sædvanlig måde.

90. Ferskensyltetøj

Gør: 5 pund

INGREDIENSER:
- 2¼ pund (1 kg) ferskner
- 3¼ pund sukker
- 1 flaske flydende pektin

INSTRUKTIONER:
a) Skræl og udsten ferskerne, hak kødet.
b) Hvis frugten mangler smag eller syrlighed, tilsættes saften af 1 citron.
c) Kom sukkeret og den tilberedte frugt i en stor gryde og varm forsigtigt op, indtil sukkeret er opløst.
d) Bring det helt i kog og kog hårdt i 1 minut.
e) Fjern fra varmen og rør den flydende pektin i.
f) Skum, gryder og dæk på sædvanlig måde.

91. Pære & ingefær marmelade

Gør: 5 pund

INGREDIENSER:
- 3 pund Tilberedte og i tern tilberedte pærer
- 3¼ pund sukker
- ½ pint vand
- Saft af 2 citroner
- Revet skal af 1 citron
- 1 niveau teskefuld ingefær
- 2 oz krystalliseret ingefær (skåret i terninger)
- 1 flaske flydende pektin

INSTRUKTIONER:
a) Kog pærer i vand, indtil de er møre.
b) 2Tilsæt sukker, citronsaft, skal og ingefær, rør ved svag varme, indtil sukkeret er opløst.
c) Bring i kog og kog hurtigt i 2 minutter.
d) Fjern fra varmen og rør den flydende pektin i.
e) Kog i 1 minut mere.
f) Lad afkøle i 10-15 minutter.
g) Pot og dæk på sædvanlig måde.

92. Ananas marmelade

Gør: 4 pund

INGREDIENSER:
- 1 ½ pund (0,7 kg) tilberedt ananas
- 3 pund sukker
- 1 pint vand (300 ml)
- 1 citron
- 1 flaske flydende pektin

INSTRUKTIONER:
a) Forbered frugten, knus grundigt og kom den i en stor gryde.
b) Tilsæt vandet, varm langsomt op og kog indtil det er mørt – cirka 30 minutter.
c) Tilsæt sukker og saft af 1 citron, bland godt og varm langsomt op, indtil sukkeret er opløst, rør af og til.
d) Bring det helt i kog og kog hurtigt i 2 minutter.
e) Fjern fra varmen, tilsæt flydende pektin, og lad det køle af i 20 minutter for at forhindre, at frugten flyder.
f) Skum, gryder og dæk på sædvanlig måde.

93. Blommesyltetøj

Gør: 10 pund

INGREDIENSER:
- 5 pund (2,3 kg) blommer
- 6½ pund (3 kg) sukker
- ½ pint vand
- ½ flaske flydende pektin

INSTRUKTIONER:
a) Vask blommer, skær i stykker, fjern så mange af stenene, som du ønsker.
b) Kom frugten og vandet i en stor gryde.
c) Bring i kog under konstant omrøring.
d) Dæk til og lad det simre i 15 minutter.
e) Tilsæt sukker, varm langsomt op, indtil sukkeret er opløst, under konstant omrøring, og bring det derefter i kog.
f) Kog hårdt i 2 minutter, under omrøring af og til, tag derefter af varmen og rør den flydende pektin i.
g) Skum evt. pot og dæk på sædvanlig måde.

94. Kvæde Jam

Gør: 4½ pund

INGREDIENSER:
- 3 pund kvæder
- 3 pund sukker
- 1 citron
- ½ flaske flydende pektin

INSTRUKTIONER:
a) Skræl og udkern kvæderne (brug fuldmoden frugt). Hak så fint som muligt.
b) Tilsæt ½ pint (240 ml) vand og saften af 1 citron.
c) Bring det i kog og læg låg på og lad det simre i 15 minutter.
d) Mål sukkeret og 2 ½ pund (1,1 kg) tilberedt frugt i en stor konserveringsgryde og bland godt. Varm langsomt op, indtil sukkeret er opløst.
e) Bring et helt rullende opkog. Rør konstant, før og under kogning.
f) Kog hårdt i 1 minut.
g) Fjern fra varmen og rør den flydende pektin i.
h) Skum, gryder og dæk på sædvanlig måde.

95. Loganberry eller Tayberry Jam

Gør: 7 pund

INGREDIENSER:
- 4 pund (1,8 kg) frugt
- 5 ½ pund (2,5 kg) sukker
- 1 flaske flydende pektin

INSTRUKTIONER:
a) Knus bærrene og kom dem i en gryde med sukker.
b) Varm forsigtigt op, og rør af og til, indtil sukkeret er opløst.
c) Bring hurtigt i kog og kog hurtigt i 2 minutter under omrøring af og til.
d) Fjern fra varmen og rør den flydende pektin i. Skum evt.
e) Lad det køle af for at forhindre frugten i at flyde. Pot og dæk på sædvanlig måde.

96. Hindbærsyltetøj

Gør: 8 pund

INGREDIENSER:
- 4 pund (1,8 kg) hindbær
- 5½ pund (2,5 kg) sukker
- 1 flaske flydende pektin

INSTRUKTIONER:
a) Knus bærrene og kom dem i en gryde med sukker.
b) Varm forsigtigt op, og rør af og til, indtil sukkeret er opløst.
c) Bring hurtigt i kog og kog hurtigt i 2 minutter under omrøring af og til.
d) Fjern fra varmen og rør den flydende pektin i. Skum evt.
e) Lad det køle af for at forhindre frugten i at flyde. Pot og dæk på sædvanlig måde.

97. Rabarber og ingefær marmelade

Gør: 5 pund

INGREDIENSER:
- 3 pund tilberedt rabarber
- 3 pund sukker
- ¼ pint vand
- 1 oz (30 g) forslået ingefær
- 1 flaske flydende pektin

INSTRUKTIONER:
a) Skær rabarberne fint, men skræl ikke dem.
b) Mål sukkeret i en stor gryde og tilsæt 3 pund tilberedte rabarber og vandet.
c) Tilsæt 1 oz forslået ingefær bundet i en musselinpose.
d) Bland godt og bring det hurtigt i kog.
e) Kog hårdt i 3 minutter. Fjern fra varmen og rør den flydende pektin i.
f) Fjern ingefærroden i muslinposen.
g) Skim, gryde og dæk.

98. Jordbærsyltetøj

Gør: 5 pund

INGREDIENSER:
- 2¼ pund (1 kg) jordbær
- 3 pund sukker
- 3 spsk citronsaft
- ½ flaske flydende pektin

INSTRUKTIONER:
a) Forbered frugten, knus grundigt og kom i en gryde med sukker og citronsaft.
b) Varm langsomt op, indtil sukkeret er opløst, rør af og til. Tilsæt en lille klat smør eller margarine.
c) Bring det helt i kog og kog hurtigt i 2 minutter.
d) Fjern fra varmen, tilsæt flydende pektin, og lad det køle af i 20 minutter for at forhindre, at frugten flyder.
e) Skum, gryder og dæk på sædvanlig måde.

99. Jordbærsyltetøj (hel)

Gør: 5 pund

INGREDIENSER:
- 2¼ pund (1 kg) små jordbær
- 3 pund (1,4 g) sukker
- 3 spiseskefulde (50 ml)
- Citronsaft (1 stor citron)
- ½ flaske flydende pektin

INSTRUKTIONER:
a) Forbered frugten og kom den i en gryde med citronsaft og sukker.
b) Lad stå i 1 time, rør af og til.
c) Varm langsomt op, indtil sukkeret er opløst, rør af og til.
d) Tilsæt en lille klat smør eller margarine.
e) Bring det helt i kog og kog hurtigt i 2 minutter.
f) Fjern fra varmen, tilsæt flydende pektin, og lad det køle af i 20 minutter for at forhindre, at frugten flyder.
g) Skum, gryder og dæk på sædvanlig måde.

100. Jordbær og rabarbersyltetøj

Gør: 5 pund

INGREDIENSER:
- 1 pund rabarber
- 1 pund jordbær
- 3¼ pund (1,7 kg) sukker
- ¼ pints vand
- 1 flad teskefuld sodavand
- ½ flaske flydende pektin

INSTRUKTIONER:
a) Vask rabarberne og skær dem fint. Må ikke skrælles.
b) Knus jordbærene grundigt.
c) Kom frugten i en gryde med vandet, bring det i kog under konstant omrøring. Lad det simre tildækket i 15 minutter.
d) Mål 2 pints (1130 ml) kogt frugt i en stor gryde, og fyld op med vand, hvis det er nødvendigt.
e) Tilsæt sukkeret, varm forsigtigt op til sukkeret er opløst, rør af og til.
f) Bring det helt i kog og kog hurtigt i 2 minutter.
g) Fjern fra varmen og rør den flydende pektin i.
h) Rør og skum skiftevis i 5 minutter for at afkøle og forhindre flydende frugt.
i) Pot og dæk på sædvanlig måde.

KONKLUSION

Tak for at give yderligere kontekst. Her er en mulig længere konklusion for sidste side af syltetøjkogebogen med 100 opskrifter:

Tillykke med at nå den sidste side af syltetøjkogebogen, en omfattende guide til fremstilling af hjemmelavet syltetøj. Vi er glade for, at du har besluttet dig for at tage på denne syltefremstillingsrejse med os, og vi håber, at du har nydt at udforske de mange lækre opskrifter, der er inkluderet i denne bog.

Som du har set, kan det være en givende og tilfredsstillende oplevelse at lave dine egne syltetøj. Der er noget særligt ved at tage årstidens friske frugter og gøre det til et smørepålæg, der kan nydes hele året rundt. Uanset om du ønsker at forsyne dit spisekammer med klassiske smagsvarianter som jordbær og hindbær, eller du er ivrig efter at eksperimentere med mere unikke kombinationer som blåbær-lavendel eller figenbalsamico, vil opskrifterne i denne bog hjælpe dig med at nå dine mål for at lave syltetøj. .

Gennem hele syltetøjs-kogebogen har vi delt vores passion for syltetøj og givet trin-for-trin instruktioner for at hjælpe dig med at opnå perfekte resultater hver gang. Fra at vælge den rigtige frugt til at mestre kunsten at gelé, vi har dækket alt, hvad du behøver at vide for at lave lækkert syltetøj af høj kvalitet i dit eget køkken.

Men mere end blot at give dig opskrifter og teknikker, håber vi, at denne bog også har inspireret dig til at blive kreativ med din syltetøjsfremstilling. Vi har inkluderet tips til smagssammensætninger og opfordret dig til at eksperimentere med forskellige frugter, urter og krydderier for at skabe dine egne unikke blandinger. Uanset om du tilføjer et stænk whisky til din ferskensyltetøj eller tilsætter dine jordbærkonserves med basilikum, er mulighederne for smagskombinationer uendelige.

Når du kommer videre på din syltefremstillingsrejse, opfordrer vi dig til at have det sjovt og nyde processen. At lave syltetøj er en vidunderlig måde at forbinde med årstiderne, fejre jordens gavmildhed og dele frugterne af dit arbejde med andre. Vi håber, at denne bog har hjulpet dig med at gøre alle disse ting, og at de opskrifter og teknikker, du har lært, vil tjene dig godt i de kommende år.

Tak, fordi du valgte syltetøjkogebogen som din guide til hjemmelavet syltetøj. Vi ønsker dig mange glade timer i køkkenet og mange lækre glas syltetøj at dele med dine kære. God marmeladefremstilling!

Ingram Content Group UK Ltd.
Milton Keynes UK
UKHW021148220623
423869UK00009B/85